펄떡이는 물고기처럼 3
비실비실 팀 구출하기

Stephen C. Lundin, Ph.D.,
Harry Paul and John Christensen

유영만 옮김

FISH!
STICKS™

한언 HANEON.COM

펄떡이는 물고기처럼 **3**
비실비실 팀 구출하기

FiSH!
STiCKS™

FISH! STICKS

by Stephen C. Lundin, Ph.D., Harry Paul and John Christensen

추천사

어떤 조직이건 시간이 흐를수록 일상적인 반복과 타성에 빠지기 쉽다. 그리고 이런 것들은 누구도 떨쳐 버리기 어려운 매너리즘을 유발한다. 나 자신도 나이가 들면서 변화보다는 안정을 찾고 싶은 유혹을 느끼곤 하는데 'FISH!철학'은 그런 나에게 다시 한번 강한 자극을 주었다.

— *배동만, 제일기획 CEO*

'FISH!철학'을 통해서 지루한 일상을 탈출하여 꿈이 있고 열정이 넘치는 일터 문화를 조성하는 방법을 배웠다. 나아가 'FISH!철학'이 남긴 삶의 교훈은 우리 회사에 변화와 혁신의 촉발점을 제공해 주었다.

— *홍원기 상무이사,*
한국 코카·콜라 보틀링(주) 유통사업부

FISH! 이야기는 전혀 과장이 아니다. 이 이야기는 태도만 바꾸어도 일과 삶을 멋지게 즐길 수 있다는 것을 보여준다. 이제 낚싯대를 힘껏 던져라. 이 책 속에서 당신의 인생을 펄떡이게 할 최고의 물고기를 낚을 수 있을 것이다.

— 스펜서 존슨,
《누가 내 치즈를 옮겼을까》의 저자

'FISH!철학'은 쉽고 간단하지만 강력하다. 우리 시대의 리더라면 반드시 읽어봐야 한다.

— 래리 윌슨,
Wilson Learning의 창립자

우리 회사에서 'FISH!철학'은 전기충격처럼 빠르고 짜릿하게 퍼져 나갔다. FISH!의 충격으로 사람들은 아직까지 찌릿찌릿한 느낌을 가지고 있다고들 할 정도이다.

— 윌리엄 호프, Arrow Electronics UK Limited

옮긴이의 글

2000년 어느 날, IMF의 여진이 남아 있는 가운데 침체의 늪에 빠져 있던 한국 기업에 작은 물고기 한 마리가 등장했다. 그리고 그 물고기는 어둡고 침울한 직장에 생생한 에너지를 불어넣기 시작했다. 잔잔한 수면에 파문이 일듯 'FISH!철학'은 계속 퍼져 나가며 크고 작은 조직과 개인의 삶에 커다란 충격과 반향을 주었다.

《펄떡이는 물고기처럼》의 출간으로 우리의 일터에 물고기의 열정이 펄떡거리기 시작한 지 벌써 3년이 지났다. 하지만 지금까지도 많은 직장인들이 지루하게 반복되는 늘어진 일상으로부터 탈출하기 위해 'FISH!철학'을 찾고 있으며 'FISH!철학'으로부터 많은 것을 배우고 있다.

물고기를 만난 사람들은 이제까지 살아온 날들을 돌아보고 지금까지와는 전혀 다른 방법으로 살아야겠다는 다짐을 하며, 실제로 변화를 능동적으로 이끌어 가는 도전에 열정적으로 뛰어들고 있다. 'FISH!철학'은 이렇게 지루한 일상에 새로운 열정과 에너지를 불어넣어 주는 원동력이 되었고, 개인의 사고방식과 행동양식은 물론이고 삶 전체를 변화시켜 주었다.

《펄떡이는 물고기처럼》은 미국 시애틀의 파이크 플레이스 어시장 상인들의 이야기를 통해서 즐겁게 일하는 그들만의 비결인 'FISH!철학'을 소개한다. 'FISH!철학'의 네 가지 원칙을 정리해 보면 다음과 같다.

그날의 마음가짐 선택하기 *Choose Your Attitudes*
'FISH!철학'이 이야기하는 기본이자 중심이라고 할 수 있는 이 첫 번째 원칙은 매일 일과를 시작하기 전에 그날 하루 동안 자신의 태도를 결정하라는 것이다. 아침에 일어나자마자 '오늘 하루는 이렇게 살아야지' 하고 마음먹는 것이다. 어떤 마음가짐을 가지느냐에 따라 그날 하루, 그날의 업무는 완전히 달라진다. 일의 결과도 완전히 달라짐은 물론이다.

그들의 날 만들어 주기 *Make Their Day*
여기서 '그들'이란 나에게 직간접적으로 행복을 주는 모든 사람과 사물을 말한다. 옆에 있는 직장 동료이든 직접 만나야 하는 외부고객이든 나를 둘러싼 모든 사람들에게 오늘 하루를 특별한 '그들의 날'로 만들어 주라는 것이다. 반드시 재미있는 이벤트를 벌여야 하는 것은 아니다. 그저 상대방을 배려하는 따뜻한 말 한마디로도 누군가에게 특별한 하루를 선사할 수 있다.

그 자리에 있기 *Be Present*

이 원칙은 주변 사람들과 행복하게 더불어 사는 방법, 그들에게 최선을 다하는 방법을 알려 준다. 어려운 것이 아니다. 주변 사람들을 위해 자신이 있어야 할 그 자리에서 책임과 의무를 다하면 되는 것이다. 'Present'는 '선물'이라는 의미도 가지고 있는데, '그 자리에 있는' 상생相生의 삶이야말로 나의 동료, 고객, 선배, 상사 등 세상의 모든 사람들에게 줄 수 있는 진심에서 우러나오는 선물이다.

놀 이 *Play*

이 원칙은 신나고 일터를 만들 수 있는 다양한 방안을 모색해 보자는 것이다. 재미없는 일을 억지로 하는 것만큼 정신적 육체적 스트레스 지수를 높이는 것이 있을까? 비록 자신이 좋아하는 일을 할 수는 없다 하더라도, 지금 하고 있는 일을 사랑할 수 있는 가장 좋은 방법이 바로 '놀이'이다. 네 가지 'FISH!철학' 중 즐거운 일터, 활력이 넘치는 신나는 일터를 만드는 데 가장 필수적이고 중요한 원칙이라고 할 수 있다.

이와 같은 네 가지 물고기 철학은 그 동안 미국뿐만 아니라 전세계에 획기적인 변화의 바람을 일으켰다. 시애틀의 작은 어시장에서 나온 평범한 비즈니스 철학이 늘어져 있던 일터에 활력을 주고, 생기를 잃어버린 사람들에게 자신의 삶을 되돌아보는 반성의 기회를 마련해 주었던 것이다.

뿐만 아니라 작년 가을 출간된 《펄떡이는 물고기처럼》 2편에서 네 가지 'FISH!철학'이 현실의 일터에서 구체적으로 어떤 변화를 일으키고 있는지를 보여 주는 일종의 사례집이었다. 'FISH!철학'이 탁상공론에 그치지 않고 현실의 일터에서 활기차게 펄떡이며 살아 움직이는 모습을 보여 줌으로써 'FISH!'의 무한한 가능성을 확인시켜 주었다. 그 책의 부록에서는 미국이 아닌 한국의 기업 환경에서도 물고기 철학이 훌륭히 적용되어 일터의 변화를 주도하고 있는 사례도 보여 주었다. 한국 코카·콜라 보틀링(주)의 'FISH!철학' 적용 사례는 우리에게 물고기 철학의 원산지는 미국 시애틀이지만 그것이 한국 기업에도 잘 적용될 수 있다는 사실을 알려 준다.

《펄떡이는 물고기처럼》 1, 2편에 이은 세 번째 물고기 이야기 《펄떡이는 물고기처럼 3, 비실비실 팀 구출하기》는 'FISH!철학'을 도입하여 변화한 조직이 어떻게 그들의 비전을 유지하는가 그리고 반짝하고 끝나는 것이 아니라 끊임없이 발전하고 앞으로 계속 나아가려면 어떻게 해야 하는가에 대한 고민과 해답이 담겨 있다. 쉽게 식어 버리는 얇은 냄비가 아니라 은근히 지속되는 뚝배기처럼 비전을 조직 내부에 완전히 정착시키고 언제나 싱싱

미국 시애틀의 파이크 플레이스 어시장에서. 왼쪽이 역자.

하게 살아 숨 쉬도록 만드는 방법을 알려 준다.

이 이야기는 엄밀히 말해서 픽션의 형식을 취하고 있지만, 사실《펄떡이는 물고기처럼》2편에 나온 미주리 침례교 의료센터가 배경이라고 할 수 있다. 미주리 침례교 의료센터의 성공, 그 이후의 이야기이다. 'FISH!철학'으로 우울한 병동 분위기를 완전히 새롭게 만들고 조직의 변화를 성공적으로 이끌었던 실제 사례가 두 번째 책에 나왔다면, 그 후에 조직의 비전을 완전히 정착시키고 구성원 스스로가 비전의 순간을 찾아서 지켜 나가는 감동적인 스토리를 담은 것이 바로 세 번째 이야기이다. 어느 조직이든 리더가 바뀌고 시간이 지나면 변화된 분위기는 점점 침체되어 가고 구성원들도 느슨해지게 마련이다. 이 책의 이야기처럼 무언가 새로운 변화를 받아들이고 난 후에 그것을 지속적으로 유지하는 일은 어느 조직이나 반드시 겪어야 할 또 다른 도전이라고 할 수 있다.

이 책이 알려 주는 성공의 비결은 세 가지이다. 우선 조직의 비전 속에서 개인의 비전을 찾는 것이 가장 첫 번째 과제이다. 그러고 나서 에너지의 방향을 바꾸어야 한다. 변화가 도입되는 초기에 외부에서 투입되었던 타율적인 에너지를 내부적이고 자율적인 에너지로 바꾸어야만 한다는 것이다. 그래야만 늘 처음처럼 열정을 가지고 비전을 실천할 수 있고, 마지못해 끌려가는 강압적인 변화가 아닌 가슴 벅찬 감동 에너지로 자기 주도적 변화가 가능해진다. 구성원 각자의 내부에서 나오는 능동적이고 자발적인 에너지는 각자가 변화를 주도적으로 이끌어 가도록 만들고 그 변화의 여정에 완전하게 몰입할 수 있도록 한다. 그렇게 되면 조직의 비전은 언제나 싱싱하게 살아날 수 있다. 그리고 마지막은 비전을 실천할 때 서로서로 코칭을 해 주는 것이다.

결국《펄떡이는 물고기처럼 3, 비실비실 팀 구출하기》에서 제시하는 핵심적인 메시지는 변화를 정착시키고 지속적인 발전과 경쟁 우위를 확보하기 위해서는 구성원들 스스로가 자신만의 비전을 찾고 실천하고 코칭해야 한다는 것, 즉 안으로부터의 변화 아래로부터의 변화가 필요하다는 이야기이다. 외부적 힘에 의해 추진되는 변화는 단기적으로 효과가 있을지는 몰라도 장기적인 측면에서 오래 지속되지 못하기 때문이다.

개인의 변화에 대해서도 이 책은 펄떡이는 아이디어를 제시하고 있다. 어떻게 자신의 삶을 의미 있고 보람 있는 삶으로 바꿀 수 있는지에 대해 구체적으로 방법을 제시하며 특히 조직 속에서 개인의 비전을 찾는 일이야말로 변화를 지속시켜 주는 근본적인 원동력이라는 사실을 강조한다. 아래로부터의 변화, 안으로부터의 변화가 지속적으로 이어지기 위해서는 자신만의 비전, 즉 IT를 발견해서 그 비전의 가치와 즐거움을 알아야만 한다. 개인의 비전은 어두운 밤에 길을 비춰 주는 등대가 되고, 시류에 휘말려 갈팡질팡할 때는 초심으로 돌아가 내면의 열정을 다시 끓어오르게 하는 강력한 연료가 된다. 자신의 비전을 찾고, 그 비전과 함께 살아가면서 비전의 순간을 만들고, 비전을 재창조할 수 있는 실천의 기회를 놓치지 말아야 한다. 그리고 더 나아가 자신의 비전을 동료들과 공유하고 성취과정을 서로 코칭하면서 피드백을 주고받아야 한다.

이 책은 자신의 비전을 찾고 일상과 업무 속에서 비전을 향해 매진하는 순간순간을 즐기라고 이야기한다. 재미있고 신나는 이벤트를 자주 만들어 개개인의 내면에 깊이 잠자고 있는 에너지를 분출하라고 조언한다. 한마디로 모든 변화의 출발점은 개개인의 넘치는 에너지를 조직의 비전에 집중시키는 노력에 있다는 것이다.

《펄떡이는 물고기처럼》1편을 통해서 무기력했던 삶에 열정과 에너지의 불을 당겼다면, 2편을 통해서 실제로 기업현장에서 벌어지는 재미있고 신나는 성공담을 확인했다. 이제《펄떡이는 물고기처럼 3, 비실비실 팀 구출하기》에서 일상의 주체이자 일터의 주체인 개인의 비전을 찾고, 삶을 획기적으로 바꾸어 나갈 수 있는 방법을 찾아보자. 이 책은 개인이든 조직이든 언제나 새로운 마음으로 비전을 향해 나아가는 데 훌륭한 지침서가 될 것이다. 지친 물고기들에게 잃어버린 열정을 되살리고 잠자고 있는 이상을 깨우는 데 이 책이 작은 도움이 되기를 바라며 서문을 마친다.

2003년 8월

지식생태학자 유영만 識

책머리에

사람들은 변화하는 것이 어렵다고 말한다. 하지만 변화하는 것 자체는 변화를 유지하는 것에 비하면 누워서 떡 먹기(혹은 치즈 먹기인가?)이다. 변화를 받아들이는 것을 넘어서서, 그 변화를 계속 유지하는 것이야말로 우리가 넘어야만 하는 진정한 도전이라고 할 수 있다. 특히 일터 혹은 조직의 구성원 모두가 참여하는 변화를 이끌어 내고, 그것을 끊임없이 새롭게 만들어 가며 유지하는 일은 쉬운 일이 아니다.

이 책을 펼쳐 든 당신이 직장생활을 좀 더 즐겁고 신나게 만들어 보려는 평범한 직장인이든 침체된 조직 전체의 분위기를 바꾸고 생산성을 높이고자 하는 최고경영자이든, 업종과 지위를 막론하고 결국 당신은 얼마나 훌륭하게 조직의 변화를 유지하고 비전을 지속시킬 수 있느냐로 평가받게 될 것이다. 비전이라는 것은 단 한 번 반짝하고 끝나는 이벤트가 아니라 완전히 조직에 흡수시키고 정착시켜 꾸준히 실천해야만 하는 것이기 때문이다.

새로운 변화를 조직에 정착시키고 계속 지켜 나가려면, 사람들이 일반적으로 떠올리는 구태의연한 방식과는 조금 다른 방법이 필요하다. 그리고 그 특별한 방법이라는 것은 직장생활의 만족도를 한층 높일 수 있고, 중요한 고객서비스 프로그램을 지속적으로 개선시킬 수 있으며, 구성원들의 자발적이고 적극적인 참여를 이끌어 낼 수 있는 것이어야 한다.

조직의 규모가 크든 작든, 새로운 변화를 도입할 때는 대부분 요란스러운 광고와 이벤트를 많이 하게 마련이다. 그래서 변화가 도입되는 초기단계에는 이렇게 투입되는 외부적인 에너지 덕분에 변화를 지속시키는 것이 그렇게 어려워 보이지 않는다. 매일매일 다양한 회의가 열리고 하루가 멀다 하고 훈련 프로그램에 사람들을 참석시킨다. 요란한 광고물과 풍선 장식, 홍보용 배지부터 콘테스트와 신문 기사, 포스터, 비디오에 이르기까지 조금이라도 사람들의 관심을 불러일으킬 수 있는 것이라면 무엇이든지 사용된다.

하지만 그런 외부적인 에너지만으로는 새로운 변화를 계속 발전시키고 유지시킬 수 없다. 변화를 정착시키고 지속시키려면 외부에서 투입되는 에너지가 아니라 구성원 개개인의 내부에서 나오는 자발적인 에너지가 필요하다. 즉 에너지의 원천이 바뀌어야 한다는 것이다.

여기저기 매달아 놓았던 풍선은 서서히 바람이 빠져나가고, 화려했던 콘테스트도 언젠가는 막을 내린다. 그리고 나면 사람들은 자연스럽게 또 다시 새로운 무언가를 찾아 나선다. 바로 이때, 피할 수 없는 중력이 생기는 것이다. 마치 중력의 영향으로 모든 물건이 저절로 지구 중심을 향해 끌려가는 것처럼, 우리의 조직에도 낡고 구태의연한 옛날 습관으로 돌아가려는 욕구가 꿈틀거린다. 자동차에 시동을 걸고 출발했을 때를 생각하면 쉬울 것이다. 속도를 내면서 달리기 시작하다가 가속 페달에서 발을 막 뗐을 때 덜컹하고 흔들리는 것과 같은 느낌을 받게 된다는 이야기이다.

이렇게 끼어든 옛날 습관은 여러 가지 형태를 띠게 되는데, 예를 들면 산만함, 분주함, 무조건적인 저항, 무료함, 건망증, 빈정거림, 방해 행위 등의 다양한 모습으로 어느새 우리의 일상에 침투한다. 새로운 다이어트 방법이든 회사에 도입할 새로운 프로그램이든, 시도해 볼 만한 가치가 있는 변화라면 무엇이든 중력의 영향을 극복해야만 한다. 과거로 돌아가려는 욕구를 극복하기 위한 도전이 성공하느냐 실패하느냐는 훌륭한 인재와 훌륭한 직장을 그렇지 못한 개인이나 집단과 구별해 주는 명료한 기준이 된다.

나는 경영학 석사과정의 학생들과 다양한 기업체의 직원들을 위한 강연에서 20년간 변화경영을 가르쳤고, 변화무쌍한 비즈니스 환경을 몸소 경험하며 사업체를 운영하기도 했다. 이렇게 내가 직접 경험한 것들을 모아서 《펄떡이는 물고기처럼》을 썼고, 같은 제목의 다큐멘터리 영화도 만들었다. 덕분에 그 이후로 많은 회사와 조직에서 《펄떡이는 물고기처럼》에 소개된 'FISH!철학'으로 중요한 문제들을 해결하고 긍정적인 변화를 이끌어 내는 과정을 지켜보는 기쁨을 누리기도 했다.

'FISH!철학'으로 눈을 돌린 사람들이 털어놓는 직장생활의 절박한 문제는 수도 없이 많았다. 고객서비스, 종업원 관리, 시설확충, 생산성 재고, 직원채용 문제까지 모두 나열하려면 한이 없었다. 물론 이런 복잡한 문제의 해결보다는 단순히 직장에서 좀 더 즐겁게 일하려고 'FISH!철학'을 배우고자 하는 사람도 있었다.

지난 3년 동안 강연을 위해 미국 전역 이곳저곳을 이동한 거리만 합쳐 보아도 거의 100만 마일이 넘을 정도이다. 처음 'FISH!철학'이 소개되었을 때의 흥분과 설렘이 다소 수그러졌지만 여전히 변화하기 위해 노력하는 사람들의 모습을 보며 나는 큰 감동을 받곤 한다.

에너지는 무언가 새로운 것을 접할 때 생겨난다. 하지만 시간이 흐른 후에도 처음의 열정과 에너지를 그대로 유지하려면, 보다 깊은 곳에서 나오는 자발적이고 내부적인 에너지가 필요하다. 나는 FISH!를 도입한 많은 조직이 이러한 에너지의 근원을 찾아내는 데 성공하는 모습을 직접 목격했으며, 이 책에 등장하는 인물들이 발휘하는 지혜 또한 모두 실제 조직에서 변화를 지속시키고 있는 실존 인물들로부터 나온 것들이다. 물론《펄떡이는 물고기처럼》에 영감을 제공한 파이크 플레이스 어시장도 이러한 원칙에 따라 계속해서 성공을 거듭하고 있는 좋은 본보기이다. 우리는 이들로부터 중요한 교훈을 얻을 수 있었다.

이 책은 나의 상상으로 써 내려간 작품이지만, 공저자인 우리 세 사람이 지난 수년 동안 겪었던 경험과 사례에 바탕을 두고 있다. 존 크리스텐슨John Christensen은 차트하우스 인터내셔널 ChartHouse International을 경영하면서 'FISH!철학'을 회사의 중심철학으로 삼고 매일 새롭게 발전시켜 나가고 있다. 차트하우스는 다양한 회사들의 재미있는 이야기가 모이는 곳일 뿐만 아니라 우리에게 조직에서 써먹을 수 있는 좋은 방법들을 많이 알려 주기도 했다. 해리 폴Harry Paul은 'FISH!철학'에 대한 순회강연과 컨설팅 업무에서 자신의 인생을 발견했다고 한다. 해리는 항상 아이디어가 넘치는 사람으로 다른 사람들에게 좋은 아이디어를 나누어 주고 있다.

우리가 쓴 이야기는 직장과 인생에 새로운 가능성을 찾아낸 수많은 유능한 사람들의 이야기이다. 이들 중에는 실패한 사람도 있고 성공한 사람도 있으며, 아직은 성공과 실패를 말하기 어려운 사람도 있다. 그러나 우리는 성공여부에 관계없이 이들 모두에게서 교훈을 얻었다. 우리가 이 책을 쓴 목적은 항상 싱싱하게 살아 있는 비전, 계속해서 지켜가고 있는 비전의 이면에는 그 변화를 지켜내기 위해 수많은 사람들이 특별한 노력을 기울이고 있다는 사실을 강조하기 위함이다. 이것은 우연히 내가 쓰게 되었을 뿐, 정말로 여러분의 이야기이다.

미네소타, 루첸에서
스티븐 C. 런딘

C·O·N·T·E·N·T·S

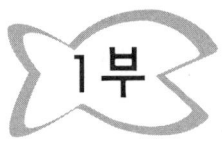

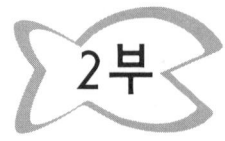

2부

타카라 투에서 배운 세 가지 성공의 열쇠

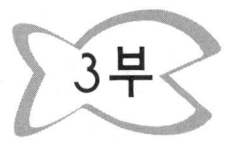

3부

펄떡이는 비전을 언제나 싱싱하게

반짝하고 사라진
열정과 에너지를 찾아서

1

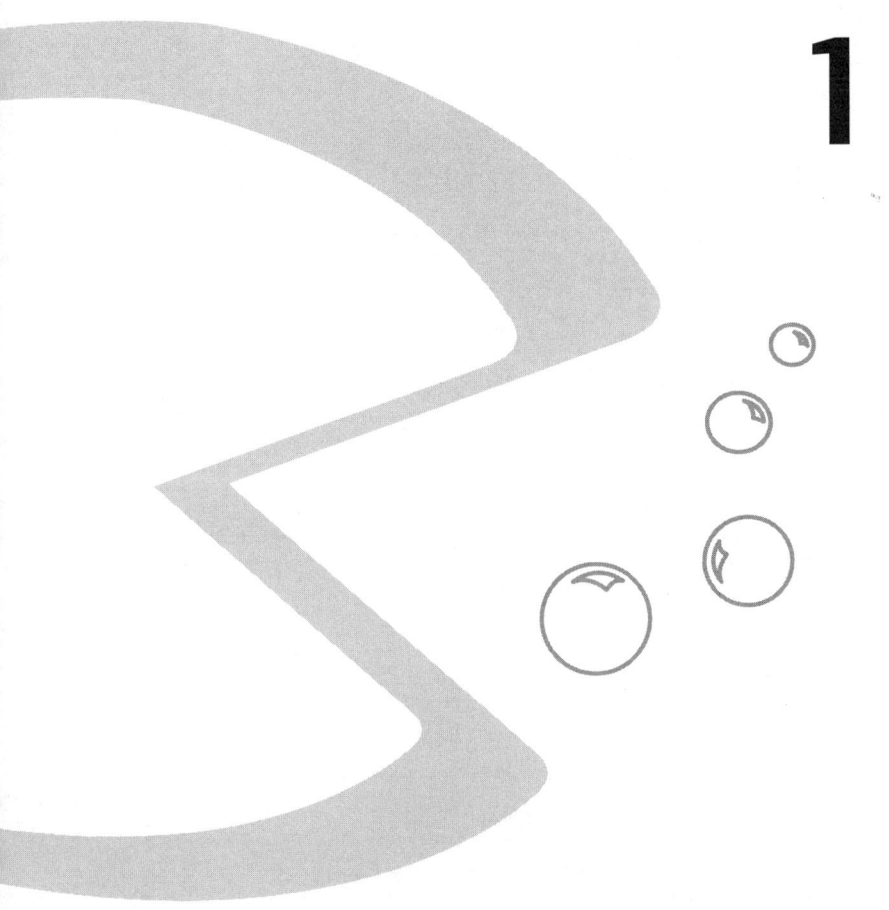

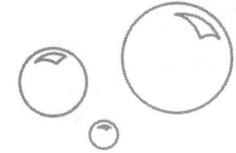

브런치에서 아침 겸 점심을

론다 *Rhonda*와 윌 블록 *Will Bullock* 부부의 일요일은 잠이 덜 깬
두 아이를 데리고 교회에 가는 것으로 시작된다. 론다가 성가대
에서 찬송가를 부르는 동안 윌은 아이들과 함께 맨 앞줄에 앉아
예배를 보고 예배가 끝난 후에는 온 가족이 교회 근처 양로원에
가서 할머니들과 시간을 보내는 것이 매주 일요일의 정해진 코
스이다. 그리고 오늘처럼 특별한 일요일이라면 양로원 다음 코
스는 쇼핑센터이다. 론다와 윌은 쇼핑센터 패스트푸드 점에 아
이들을 데리고 갔다. 늘 그렇지만 오늘도 커다란 햄버거를 순식
간에 먹어 치우는 아이들을 보고 론다와 윌은 눈이 휘둥그레졌

다. 햄버거를 먹이고 나서 월은 아이들과 앤 Ann을 영화관까지 바래다주러 갔고 아이들이 극장에서 영화를 보는 동안 월과 아침 겸 점심을 먹기 위해서 론다는 '브런치(Brunch, 아침 겸 점심이라는 뜻 – 역주)' 라는 꼭 맞는 이름을 가진 자그마하고 멋스러운 음식점 앞에 줄을 섰다.

월이 돌아오기를 기다리며 음식점 앞에서 줄을 서 있던 론다는 하릴없이 이 생각 저 생각을 하다가 굿 사마리탄 병원 Good Samaritan Hospital에 생각이 미쳤다. 론다가 11년째 근무하고 있는 굿 사마리탄 병원은 뉴저지 New Jersey를 비롯한 세 개의 주를 통틀어 24개의 병원과 진료소를 운영하는 거대한 병원 그룹, 굿 사마리탄 병원 시스템 Good Samaritan Hospital System의 초석이 된 종합병원이다. 병원 생각을 하니 론다는 갑자기 머리가 지끈거리며 온몸에 힘이 쭉 빠지는 듯했다. 어느새 론다 옆에 다가온 월이 다정하게 물었다.

"여보, 기분이 안 좋아 보이는데? 항상 웃는 얼굴을 하고 있는 사람이 오늘은 왜 그렇게 인상을 찌푸리고 있는 거지?"

"병원 생각을 하다 보니까…. 어머, 그러고 보니 내가 규칙을 어겼네? 우리 가족 규칙 제1조가 '일요일에는 직장에 대해 생각하지 말기' 잖아요. 미안해요. 참, 그건 그렇고 애들이 볼 만한 영화는 찾았어요?"

"음, 마이크 Mike와 미아 Mia가 동시에 좋아할 만한 영화를 찾는 게 쉽지가 않더군."

"마이크가 또 뭘 우기던가요?"

"음, 오늘도 마찬가지였어. 마이크는 '샤프트 *Shaft*'를 보겠다고 떼를 쓰면서, 비록 그 영화가 미성년자 관람불가 등급의 영화이기는 하지만 좋은 영화라는 거야. 샤프트가 자기 인생에 아주 훌륭한 본보기가 될 수 있는 인물이라나. 게다가 잔인한 장면이 나올 때마다 미아의 눈을 가려 주겠다고 큰소리까지 치던 걸. 물론 미아는 오빠가 보자면 뭐든 보겠다고 했지만 말이야."

"하여튼 마이크 녀석은 11살밖에 안 된 녀석이 자기가 벌써 어른인 줄 안다니까요."

"반대로 미아는 내년이면 초등학교에 들어갈 아가씨가 아직도 극장에 들어갈 때마다 어두워서 무섭다고 인형을 꺼안고 들어가고 말이야."

"그래서 어떻게 했어요?"

"아이들에게 G등급(모든 연령이 관람할 수 있는 영화 등급 – 역주)이나 PG등급(미성년자가 부모 동반으로 관람할 수 있는 영화 등급 – 역주) 영화만 볼 수 있다고 단단히 일러두었지. 그래서 결국 '해리 포터'를 보기로 결정했어. 앤도 좋다고 하더군."

순간 론다는 듬직한 의붓딸인 앤의 얼굴을 떠올렸다. 올해 28살인 앤은 로스앤젤레스 *Los Angeles* 에서 영화 제작에 관련된 일을 하며 살고 있다. 비록 멀리 떨어져 지내느라 자주 만날 수는 없었지만, 론다와 앤은 그 어느 모녀 사이 못지않게 서로에게 애틋한 마음을 가지고 있었다.

브런치에 들어온 윌과 론다 부부는 자리에 앉아 음식을 주문했다. 윌은 음식을 주문하는 아내의 얼굴을 물끄러미 바라보았다. 윌은 론다의 어두운 표정에서 분명히 무언가 아내를 괴롭히는 일이 있음을 확신했다. 윌이 그녀에게 '행복한 얼굴' 이라는 별명을 붙여 주었을 정도로 론다는 늘 명랑하고 쾌활한 성격이었다. 하지만 오늘은 평상시와 다르게 무척 우울해 보였다.

"론다, 우리 일요일 규칙 따위는 신경 쓰지 말고 얘기를 해 보는 게 어떨까? 직장에서 무슨 안 좋은 일이라도 있었던 거야? 같이 얘길 해 보면 좋은 방법이 떠오를 수도 있을 텐데…."

"음…. 윌, 사실은 나 새로 맡은 일을 제대로 하지 못하고 있어요."

"그럴 리가 있나."

"아뇨, 정말이에요. 마들렌 *Madeleine* 이 병원을 떠나고 내가 그 자리로 승진했을 때, 난 이런 생각을 했어요. 마들렌이 이루어 놓은 놀라운 성과나 실적에 미치지 못하더라도, 그것 때문에 전전긍긍해 하거나 초조해 하지 말아야겠다는 다짐 말이에요."

"마들렌이 예전에 6층 병동을 총괄하는 수간호사였었지? 그리고 이번에 당신이 그 자리로 승진을 한 거고…."

"맞아요. 그때 마들렌은 나뿐만 아니라 우리 병동 간호사들 모두의 우상이었어요. 정말 숭배에 가까울 만큼 믿고 따랐다니까요. 마들렌이 오기 전에 특히 우리 층은 정말 아무도 일하고 싶어 하지 않았던 음울한 병동이었어요. 아주 황량하고 삭막한 분위기였죠. 그런데 마들렌이 그런 우리 병동에 생명력을 불어넣어 주었어요. 덕분에 우리 병동은 굿 사마리탄 병원 전체에서 보석과 같은 존재가 되었구요."

"그랬었군."

"다른 병동은 물론이고 심지어 다른 병원에서조차 우리의 성공 사례를 보고 배우려고 지금까지도 팀장이나 관리자들을 파견하고 있을 정도예요. 마들렌은 한마디로 우리 층 간호사들의 눈을 번쩍 뜨이게 한 셈이었어요. 6층 병동이 더 이상 불쾌하고 일하기 싫은 우울한 장소여야 할 이유가 없다는 사실을 우리 스스로 깨달을 수 있도록 만들었거든요. 그후로 우리는 우리 병동을 에너지가 넘치는 활기차고 즐거운 장소로 만들었고 환자들에게도 훌륭한 환경을 만들어 주었어요. 마들렌의 탁월한 리더십 때문에 가능한 일이었어요."

론다는 계속해서 말을 이었다.

"옛날 일이 선명하게 떠오르네요. 마들렌이 우리 병동에 수간호사로 승진해 오기 전 말이에요. 난 간호 업무 자체는 무척 좋아했지만 그때는 병원에 일하러 가는 것이 정말 두려울 정도였어요. 평상시 밖에서 하는 것처럼 밝게 웃으면서 긍정적인 마음으로 지내려고 애썼지만, 병원에만 가면 그게 잘 안 되더라구요. 하루 종일 짜증내고 인상 쓰다가 집에 돌아오면 정신적으로나 육체적으로나 완전히 녹초가 되었었죠. 당신도 생각나죠?"

"음, 당신이 병원 일 때문에 힘들어 하던 때가 있었지. 한동안 좀 그랬었던 것 같아."

"그러던 어느 날 마들렌이 우리 병동 수간호사로 승진해 왔어요. 처음 오자마자 마들렌은 우리에게 〈FISH!〉라는 이상한 제목의 영화를 보여 주고, 같은 제목의 책을 한 권씩 주면서 읽어 보라고 했어요. 제목이 하도 엉뚱해서 마들렌이 농담하는 줄 알았다니까요. 아무튼 우리는 호기심 반 기대 반으로 책을 읽었어요. 마들렌은 그 영화와 책에 나온 'FISH!철학'의 원칙을 가지고 우리가 우리의 직장문화를 개선하는 방법을 스스로 터득해 나갈 수 있도록 도와주었어요."

론다가 음식을 먹느라 잠시 말을 멈추자 윌이 이렇게 말했다.

"당신이 한 얘기 중에 '우리'라는 말에 중요한 의미가 있는 것 같은데…."

"'우리'요?"

"응. 마들렌에게는 아마 당신의 도움이 굉장히 큰 힘이 되었을 거야. 그 모든 변화는 팀원들의 동의와 협조가 없었다면 불가능했을 거고. 당신도 마들렌도 처음 얼마 동안 동일한 것을 믿고 '함께' 추진해 나간 거지."

그 당시 새로운 상사와 직원들 사이에서 론다가 갈등하던 일이 윌의 머릿속에 스쳐 지나갔다. 론다의 동료들은 너무 휘젓고 다니는 것 아니냐며 론다를 곱지 않은 시선으로 바라보았고, 그런 동료들 때문에 속상하다는 이야기를 털어놓으며 론다는 무척 낙담하곤 했었다. 그때 론다의 동료들은 "이번에는 또 다른 프로그램을 들고 나왔군. 곧 저러다 말겠지 뭐."라고 수군거리거나 "그냥 시키는 대로 참석해서, 자리 지키고 있다가 티셔츠나 얻어 오지 뭐. 한두 번 하고 나면 흐지부지 끝나 버릴 걸?" 하고 말한다고 했다. 론다는 접시에 남은 음식을 한입 먹고는 다시 말을 이었다.

"맞아요, 하지만 새로운 변화를 경계하는 동료들을 탓할 수는 없었어요. 간호사들은 늘 너무나 많은 변화에 시달려야 했기 때문에 어쩌면 그런 저항이라든가 냉소적인 반응이 당연한 것인지도 몰라요. 워낙 많은 경영혁신 프로그램에 지쳐 있어서 직원들은 '이번엔 또 뭘 하자는 걸까?' 혹은 '또 쓸데없는 프로그램에 시간만 뺏기는 것이 아닐까?' 하는 부정적인 생각을 할 수밖에 없었죠.

하지만 마들렌이 우리에게 알려 준 것은 결코 그저 그런 일시적인 프로그램이 아니었어요. 팀을 단단하게 결속시켜 주었고, 무언가 우리 스스로 멋진 일을 이루어 낼 수 있도록 도와주는 프로그램이었거든요. 그걸 모두 깨닫고 나니까 그야말로 에너지가 폭발하듯이 뿜어져 나오는 거예요. 얼마 지나지 않아 다른 병동에서도 우리 병동의 변화를 눈여겨보기 시작했어요. 마들렌은 말하자면 유명인사가 된 거죠. 우리는 마들렌이 기쁨, 친절함, 따뜻한 마음 같은 건강한 바이러스를 직원들에게 '감염' 시킨다고 농담하듯 말했어요. 그리고 나서 마들렌은 동부 전역에 있는 굿 사마리탄 병원 시스템 전체를 관리하는 컨설턴트로 일해 달라는 제의를 받았고, 우리 병동을 떠나게 되었죠."

"음. 그 얘긴 나도 알고 있어. 마들렌이 얼마나 열정적인 사람이었는지도 당신에게 많이 들었지. 하지만 당신도 마찬가지야. 마들렌도 당신을 인정했잖아? 당신도 알고 있듯이 마들렌이 당신의 능력을 전적으로 믿었기 때문에 자기가 담당하던 6층 병동을 당신에게 맡긴 거라구. 당신이 맡으면 훌륭하게 운영해 나갈 수 있을 거라고 사람들에게 공공연히 말했잖아?"

"그래요. 나도 알아요. 그리고 내가 마들렌을 도와서 우리 병동의 변화에 기여한 면이 있다는 것도 진심으로 믿고 있어요. 하지만 막상 책임을 져야 하는 자리에 앉게 되니까 그렇게 편하고 쉽게만 생각할 수가 없다구요. 마들렌이 수간호사로 있으면서 우리 팀에 무언가 새로운 변화가 생기기 시작하던 때에, 그때처럼 팀원들에게 열정과 에너지를 계속 유지시킬 수 있을지 의심스러워지고 걱정되기 시작했어요. 이번 주는 또 어떻게 해야 할지…."

"무슨 일이 있었어?"

"3주 전에 새로 채용한 후앙 *Juan* 이라는 보조간호사가 있어요.

근데 어제 후앙이 나한테 와서는 6층 병동에서 자신이 하고 있는 업무는 그럭저럭 마음에 드는데, 우리 층에 소속감을 느낄 수가 없다는 얘길 털어놓더라구요. 그러니까 부서를 옮길 수 있도록 도와달라는 거예요. 윌, 후앙은 정말 유능하고 훌륭한 간호사예요. 정말이지 환자에게 모든 정성을 다하는 헌신적인 간호사이고, 그래서 우리 병동에 꼭 필요한 사람이라구요. 근데 우리 병동에 있고 싶지 않다고 하잖아요! 오, 맙소사. 이건 틀림없이 내가 무언가를 엄청나게 잘못하고 있다는 증거예요."

"음…."

"예전에도 간호사가 그만둔 일이 없었던 것은 아니지만, 지난 2년 동안 우리 병동의 간호사들 중에서 다른 병동으로 옮긴 사람은 한 명도 없었어요. 물론 여전히 우리 병동에서 일하고 싶어 하는 사람이 줄 서 있기는 해요. 그래도 후앙의 경우는 우리 팀이 다시 옛날로 돌아가고 있는 게 아닐까 하는 경고 같아서 걱정이 돼요. 그리고 걱정되는 것이 또 하나 있어요."

"뭔데?"

"딱히 뭐라고 꼬집어 설명하기는 어렵지만 6층 병동의 에너지가 예전에 비해서 많이 줄어들었다고나 할까? 요즘 우리 간호사들 목소리에서 생기라고는 찾아볼 수가 없어요. 환자의 호출에 응답하는 시간도 점점 길어지고 있구요. 동료 간호사를 발 벗고 나서서 도와주는 일도 별로 없고, 힘든 일이 생기면 직원들은 마치

증발이라도 한 듯이 사라지고 말아요."

"증발이라구?"

"한번은 이런 일도 있었어요. 지난주에 모르핀 주사를 맞던 환자가 병실에서 구토를 했어요. 마침 내가 그 환자의 병실 앞을 우연히 지나가다가 처음으로 그 장면을 목격했죠. 곧바로 호출 버튼을 누르고 환자를 추스르면서 간호사가 오길 기다렸어요. 그런데 한참 지나고 나서야 당직 간호사가 오는 거예요. 결국 그 간호사가 나를 도와서 환자를 씻기고 환자복을 갈아입히는 데는 엄청난 시간이 걸렸어요."

"론다, 당신이 말하려는 게 무슨 뜻인지는 알겠어. 하지만 당신이 간호사들에게 가진 기대치가 지나치게 높은 것은 아닌지 생각해 봤어? 그날 그 일은 어쩌다가 한 번, 아주 간혹 벌어지는 현상일 수도 있잖아? 새로 들어온 몇 명의 직원은 아직 일을 잘 모르는 상태인데다가, 능숙한 간호사는 휴가 중이었다거나…. 그러니 새로 온 간호사가 일을 능숙하게 처리하기에는 시간이 좀 걸릴 수도 있는 일 아니냐는 말이야."

"당신 말이 맞았으면 좋겠어요. 하지만 이전까지는 잘 굴러가던 팀이 내가 맡게 되자마자 삐걱거리는 걸 어떻게 받아들여야 할지 모르겠어요. 정말 뭘 잘못하고 있는 건 아닌지 걱정도 되고, 마들렌과 비교하지 않겠다고 마음먹긴 했지만 솔직히 자존심도 상하고 패배감을 떨칠 수가 없어요."

커다란 **변화**가 일어나기 **시작**할 때는
외부적인 에너지가 반드시 필요하다.
조직에 새로운 **비전**을 **도입**하고
그것을 **실행**하려면
먼저 사람들의 **주목**을 **끌어야** 하기 때문이다.
하지만 외부적 에너지는
단기간의 효과만 있을 뿐이다.
궁극적으로 조직의 **변화**를 **정착**시키려면
외부적인 에너지를 **내부적인 에너지**로 바꾸어야 한다.
구성원들의 내부에서 **자발적으로 나오는 에너지**는
변화를 **유지**시키고 **비전**을 늘 싱싱하게
만들어 준다.

굿 사마리탄 병원의 월요일 아침

월요일 아침 론다가 엘리베이터를 타고 6층에서 내려 문을 열고 휴게실로 향하고 있을 때 모두들 업무 준비로 바쁘게 움직이고 있었다. 론다는 휴게실 한쪽에 있는 냉장고에 점심도시락을 넣어 두고, 커피 메이커 옆에 있던 간호사들에게 "안녕하세요." 하며 반갑게 인사를 했다. 다들 기분 좋게 인사를 주고받았지만, 멀찌감치 혼자 앉아 있던 후앙은 얼굴조차 들지 않았다. '후앙이 왜 저럴까? 론다는 의아한 얼굴로 이렇게 생각했다.

휴게실에서 나온 론다는 사무실로 발길을 재촉했다. 사무실로 가는 길에 여러 개의 병실을 지나쳤는데, 때마침 호출 램프 두 개가 깜빡거리는 것을 보았다. 론다는 우선 첫 번째 병실로 들어갔다. 첫 번째 병실에 있던 스완슨 *Swanson* 부인이 물을 마시고 싶다고 호출한 것이었다. 쾌활한 성격에 다소 수다스러운 스완슨 부인의 이야기를 들어 주느라 론다는 한동안 스완슨 부인에게 붙잡혀 있어야만 했다. 첫 번째 병실에서 겨우 빠져나와 보니 두 번째 병실의 호출 램프가 여전히 깜빡거리고 있었다. 서둘러 두 번째 병실에 들어가 보니 병실 안에 이미 두 명의 간호사가 있었다. 병실에는 조용하고 수줍음 많은 환자인 루이스 앤더슨 *Lois Anderson*과 또 한 명의 여자 환자가 누워 있었다. 어젯밤에 입원한 환자인 그녀는 잠을 거의 못 잤는지 얼굴에 피곤한 기색이 역력했다.

병실 안에 있던 두 간호사는 호출 버튼을 누른 루이스는 아랑곳하지도 않고 깜빡이는 호출 램프도 못 본 채 TV 오락프로그램 이야기에 푹 빠져 있었다. 론다가 병실에 들어서서 조용한 목소리로 "안녕하세요."라고 인사를 하자 두 간호사는 놀란 표정으로 론다를 돌아보았다.

"아, 론다. 안녕하세요. 어젯밤에 TV 보셨어요? '생존자 Survivor' 라는 프로그램 얘길 하고 있었어요. 어제 진짜 재밌었는데…. 출연자들한테 얼마나 더러운 것을 먹이던지. 어휴!"

"그랬어요?" 론다가 애매한 표정을 지으며 대답했다. 그리고 계속 말을 이었다.

"그런데 지금 루이스의 호출 램프가 깜빡거리는 거 못 봤나요?"

한참 '생존자' 프로그램 얘기에 빠져 있던 간호사 둘은 일제히 루이스를 쳐다보았다. 루이스는 멋쩍은 표정으로 머뭇거리며 "화장실에 가고 싶어요."라고 말했다.

간호사 한 명이 미안한 듯 말을 더듬으며 "어머, 아… 알았어요." 하고 루이스에게 다가갔고 다른 간호사는 주춤거리며 뒷걸음질로 병실을 빠져 나갔다. 론다는 그녀의 뒤를 따라 나가며 이렇게 물었다.

"롭 Rob, 이게 어떻게 된 거죠?"

"죄송해요. 둘 다 '생존자' 라는 프로그램을 매주 보거든요. 프로그램 얘기에 너무 몰두해 있었나 봐요. 우리가 지나쳤어요."

"그것도 환자의 병실에서 말이죠?"

"저희가… 너무 심했죠?"

"환자와 관계 없는 대화를 환자의 병실에서 했다는 것이 몹시 마음에 걸리네요. 게다가 특히 '더러운 것' 운운한 대화 내용도 그렇구요. 루이스의 병실에 있으면서도 루이스가 호출을 했는지, 도움을 기다리고 있는지조차 모르고 있었어요. 우리가 만들고 싶다고 말해 온 바람직한 병실 환경이 이런 것이었나요?"

론다의 이야기에 롭은 아무 말도 못하고 있었다.

바로 그때 언제나 열심히 일하는 잡역부 폴 *Paul*이 이동침대를 밀면서 두 사람 뒤로 왔다. 침대에는 중년의 남자환자가 누워 있었고 침대 위에는 링거 병 두 개가 걸려 있었다. 론다는 폴에게 인사를 했다.

"안녕하세요, 폴. 새로 입원한 환자인가요? 아니면 다른 병동에서 옮겨 온 환자인가요?"

"에버트 *Abbot* 씨예요. 중환자실에 일주일 계시다가 오늘 아침에 나오셨어요. 614호로 모시고 가는 길이랍니다. 어젯밤 조지 워싱턴 다리에서 교통사고가 나서 사상자들이 우리 병원으로 이송되어 왔어요. 그 사고만 아니었으면 에버트 씨는 하루 더 중환자실에 있었을 텐데, 중환자실에 더 위급한 환자들이 들어와서 침대가 필요하대요."

"아, 그렇군요. 알겠어요, 폴. 에버트 씨는 좀 더 신경 써 드려야 겠네요."

론다는 의식을 잃어 거의 반응이 없는 에버트 씨의 귀에 대고 이렇게 말했다.

"에버트 씨, 저희가 잘 돌봐 드리겠습니다. 나중에 병실에 들러서 잘 계신지 확인해 볼게요."

론다가 폴과 이야기하고 있는 사이에 롭은 슬그머니 그 자리를 빠져 나갔다.

열정과 에너지는 도대체 어디로 사라진 걸까?

사무실로 들어오자마자 여기저기에서 걸려 오는 전화를 받는 것으로 업무를 시작한 론다는 오전 내내 자리에 앉을 새도 없이 바쁘게 일했다. 병원 일은 언제나 눈코 뜰 새 없이 바쁘게 돌아간다. 침상과 입원실은 늘 부족하고, 간호사가 아파서 결근을 할 때도 있으며, 의료장비 공급에 갑작스런 차질이 생길 때도 있다. 뿐만 아니라 환자 가족과 인사를 하거나, 직원들과 대화도 해야 하며, 직원 연수 기획서 작성과 회진도 빼먹을 수 없었다. 오후가 되어서야 겨우 짬이 난 론다는 비로소 6층 병동의 문제점에 대해 좀 더 깊이 생각을 해 보게 되었고, 그러던 중 오전에 있었던 일이 떠올랐다.

론다가 6층 중앙에 있는 간호사실로 가고 있을 때였다. 6층 중앙은 건물 전체의 중심부에 해당하는 곳으로서, 세 개의 윙(wing, 건물 중심에서 옆으로 뻗어 나간 부분 – 역주)이 만나는 지점이면서 엘리베이터가 있는 곳이었다. 론다는 낯익은 목소리의 대화를 우연히 듣게 되었다.

가만히 들어보니 목소리의 주인공들은 마지*Marge*와 베스*Beth*였다. 25년 경력의 노련한 간호사인 마지가 베스에게 업무를 설명하고 있는 중이었다. 베스는 팀장으로 고속 승진한 젊은 간호사였고, 그때 막 마지와 교대를 하려던 참이었다. 마지가 베스에게 이렇게 말했다.

"614호 환자 말이야. 정말 골칫거리라니까. 중환자실에 더 놔두지, 왜 일반병실로 올려 보냈는지 모르겠어. 끊임없이 호출해 대고 병실에 가 보면 무슨 말을 하는 지 알아들을 수도 없고…. 게다가 못 알아들으면 못 알아듣는다고 막 화를 내잖아. 그런 멍청이 같은 사람 때문에 간호사들 일이 더 힘들어진다니까. 아마 고생 좀 해야 될 거다. 잘 지켜보도록 해."

말을 마치자마자 마지는 휙 나가 버렸다.

"안녕, 베스. 마지가 방금 얘기한 환자가 오늘 아침에 들어오신

에버트 씨인가요?"

"어머, 들으셨어요? 거기 계신 줄 몰랐어요. 전 그저 마지에게서 문제가 있는 사람에 대해 얘길 들었을 뿐이에요."

"베스, 엄연히 이름이 있는 환자분을 '문제 있는 사람' 이라고 불러서야 되겠어요?"

베스는 얼굴이 빨개진 채 아무 말도 못하고 있었다. 그리고는 어색하게 웃으며 이렇게 말했다.

"한 방 맞았네요."

"베스, 이쪽 파트의 팀장은 바로 당신이에요. 어쩌다가 한번 그럴 수도 있는 걸 괜히 부풀려서 생각하고 싶지는 않지만, 이건 분명히 크게 걱정되는 점이에요. 그러니까 가능하다면 어떻게 된 일인지 나에게 설명해 줘요. 6층 병동에 새로운 변화를 적극적으로 시도해 보자면서 우리 이름표를 재미있게 꾸몄던 사람이 바로 당신이었잖아요. 즐거운 에너지를 직장에 불어 넣으면 직장 생활에 활력이 생기고 환자를 보다 잘 돌볼 수 있다는 사실을 본인이 누구보다 잘 알고 있구요. 우리가 환자와 동료를 위해 '그 자리에 있기' 를 다짐했을 때 당신도 그 운동에 앞장섰었어요. 이제 다른 병동에서도 우리를 따라하며 본받으려 하는 것을 알고 있죠? 당신은 초기부터 우리 병동의 변화를 이끌어 간 중심인물이에요. 그렇지만 운동이 시작되었던 바로 여기에서 지금 우린 모든 것을 잃어가고 있는 것 같군요. 이것이 그냥 나의 쓸데없는 걱정인가요, 아니면 정말 무슨 일이 있는 건가요?"

"론다, 정말 눈치 채지 못했어요. 우리가 이곳에서 이루어 낸 일에 대해 제가 얼마나 자랑스럽게 생각하고 있는지 아시잖아요. 우리 병동 분위기가 바뀐 이후로 저는 정말 아침에 일하러 오는 것이 기다려지고, 병원에 오면 저절로 열심히 일하고 싶어진다구요. 물론 항상 즐겁기만 한 건 아니죠. 환자의 대소변을 받아 내고 정맥주사를 놓은 일이 늘 재미있을 수만은 없으니까요. 하지만 우리만의 방식으로 동료들과 함께 일하고 환자를 돌보는 것은 언제나 즐거워요.

파이크 플레이스 어시장 상인들의 'FISH!철학'을 듣고 저는 정말 이지 정곡을 찔린 듯한 느낌이었어요. 특히 고객을 위해서 항상 '그 자리에 있다'라는 이야기를 듣고 '아, 이거다!' 하는 생각이 들었어요. 그리고 그 원칙들을 환자 간호에 적용할 수 있겠다는 생각을 했죠. 하지만 아시다시피 스트레스가 쌓이다 보면 종종 그런 생각을 잊어버리고 옛날부터 해 왔던 방식으로 돌아가게 되요. 요즘이 그런 때인 것 같아요. 솔직히 요즘은 일에서 오는 스트레스가 너무 많아요. 병실은 모두 환자들로 꽉꽉 차 있고, 우리의 손길을 필요로 하는 환자는 점점 늘어나고 있죠. 우리 중 몇몇은 과중한 업무로 완전히 탈진한 상태라구요. 하지만 이것 하나만은 알아주세요. 우리가 이루어 낸 일에 대해서 부정적이었던 적은 한번도 없었다는 것 말이에요."

"새로운 간호 서비스에 대해서 당신이 말했던 것을 기억하나요? 처음에 우리가 어떤 구상을 했었는지 기억해요?"

"론다, 무슨 말씀인지 모르겠어요."

"베스, 당신이 말했었죠. 우리는 간호사로서 환자의 육체적인 요구만을 돌보아 왔지만, 이제는 환자의 육체만이 아니라 영혼과 정신까지 보살펴야 한다고 말이에요. 당신한테 얘기했는지 모르겠지만 난 그때 그 말에 얼마나 큰 감동을 받았는지 몰라요. 우리가 이루어 놓은 발전을 지속시켜 나갈 방법을 찾아야 해요. 베스, 몸과 마음을 모두 이곳에 맡긴 사람은 비단 환자들뿐만이 아니에요. 우리 자신들도 마찬가지잖아요. 지금 물러서면 우리는 실패하는 거예요."

"론다, 우리는 물러서지 않아요. 저 역시 환자의 육체적인 요구뿐 아니라 영혼과 정신의 요구까지도 돌보는 간호사가 되려고 이 길을 택한 거예요. 하지만 생각해 보세요. 지금 우리가 여기에서 침착하게 얘기를 할 때는 모두 너무나 이상적이고 구구절절 옳은 말이죠. 하지만 막상 일할 때는 그 생각을 실천하는 것이 말처럼 쉽지가 않아요. 물론 마음이야 늘 그 생각을 하고 있죠. 하지만 며칠 아니 하루만 저처럼 일해 보세요. 고비를 넘기면 또 다른 고비가 기다리고 있고, 할 일은 너무 많은데 도움을 충분히 받을 수도 없어요. 이젠 정말이지 스트레스에 눌려서 완전히 탈진한 기분이에요. 머릿속으로는 환자와 동료 모두에게 최선을 다하고 싶지만, 지금은 너무 힘들어요."

"힘들다는 것은 알아요." 론다가 계속 말을 이었다.

"나도 그런 생각이 들어요. 에너지가 넘치고 재미있는 업무 환경을 만드는 일은 상대적으로 쉬운 것이었구나 하는 생각이요. 정말 어려운 건 그렇게 일어난 변화를 계속 새롭게 만들고 지속적으로 추진해 나가는 것이라는 사실을 알게 되었어요."

론다의 이야기에 베스는 이렇게 대답했다.

"무언가를 만들어 내는 데는 시간이 걸린다는 것을 아시잖아요. 하지만 최소한 우리는 계속 추진해 나갈 만한 대상을 가지고 있어요. 시간과 노력을 투자해서 성과를 거두었다면 우리가 거둔 성과를 지켜나가는 일도 반드시 해야죠."

"베스, 생각해 보면 무엇이든 소중한 것이 있다면 그 가치를 유지하기 위해서는 끊임없는 관리가 필요해요. 언젠가 한번은 내 딸 앤이 깜빡 잊고 차에 기름을 넣지 않았다가 고생한 적이 있어요. 그때 그 애는 자동차를 잘 관리하는 것이 얼마나 중요한지, 정말 힘들게 관리의 중요성을 깨달았지요."

"무슨 말씀인지 알겠어요. 저희 집안 대대로 내려오는 은 장식품이 있는데, 거기 저의 뿌리가 담겨 있다고 생각하니 너무나 소중하단 생각이 들곤 해요. 저희 가족이 대대로 그 은 장식품을 정성껏 닦고 세심하게 관리하지 않았다면 여태까지 그 모습으로 남아 있지 않았을 테니까요. 그리고 지금처럼 그걸 보면서 제가 무언가를 느끼거나, 제 삶을 풍요롭게 할 수도 없었을 테구요. 제 자식들과 손자들이 즐길 수 있도록 하기 위해서 은 장식품을 닦 듯이, 귀중하게 여기는 물건을 좋은 상태로 보존하려면 그것을 유지하려는 수고를 해야 해요. 은 장식품이든 자동차든, 인간관 계든 뭐든지 다요. 6층에서의 직장생활에도 똑같은 진리가 적용 되겠죠."

"바로 그거예요."

"론다, 저도 돕고 싶지만 쉽지가 않아요. 해야 할 일은 너무나 많 은데 시간과 에너지는 턱없이 모자라요."

"알아요. 하지만 우리는 해결해 낼 수 있을 거예요."

바로 그때 에버트 씨 병실의 호출 램프가 깜빡거렸다. 베스는 아 까와는 달리 활달한 미소를 지으면서 에버트의 병실을 향해 빠 른 걸음으로 걸어갔다.

새로운 방식으로 일을 하다 보면

금세 옛날 방식으로 돌아가려는

중력 작용이 일어나곤 한다.

처음에는 참신함 자체가

변화를 주도하는 에너지가 될 수 있다.

그러나 시간이 지나고

참신함이 사라지면 그것을 대체할

보다 깊고 오래 지속되는

에너지의 원천을 찾아야만 한다.

마고와 함께 타카라 투에 가다

"마고 카터 *Margo Carter* 있나요? 저는 론다 블록이라고 합니다."

"어머나 론다, 네가 전화를 다 하다니. 정말 반갑다. 정말 오랜만이야. 뉴저지에서의 생활은 어때? 어제 월과 통화했어. 월이 말하든? 병원 일은 어때? 아니지, 말하지 마. 우리 점심 같이 먹으면서 얘기하자. 아니, 저녁으로 할까? 근처에 정말 깔끔하고 마음에 드는 생선초밥 집을 찾아냈거든. 너랑 꼭 같이 가고 싶어. 우리 언제 만날까? 이번 주는 어때? 시간 괜찮니?"

론다도 말수가 적은 사람은 아니었지만, 론다의 오랜 친구 마고는 정말 수다쟁이였다. 마고는 초등학교 1학년 때부터 사귀어 온 론다의 가장 오래된 친구이자 가장 친한 친구이다. 대학을 졸업하고 론다는 뉴저지로 이사를 했고, 마고는 맨해튼 *Manhattan* 에 남게 되었다.

"좋은 생각이야, 마고. 난 별일 없어. 그럼 언제 만날까?"

"목요일 저녁 어떠니?"

"응, 좋아. 그럼 네가 얘기한 생선초밥 식당에서 만날까?"

"그래, 그럼 목요일 6시에 타카라 투 *Takara Too* 에서 만나자. 설리번 가 *Sullivan Street* 에 있어. 블리커 가 *Bleecker Street* 와 휴스턴 가 *Huston Street* 사이야. 음식점 앞에 엄청나게 긴 줄이 있으면 제대로 찾은 거야. 옷 든든하게 입고 나와. 아마 한참 동안 밖에서 줄을 서야 할 테니까. 어머나, 나 지금 전화 끊어야 되거든. 그럼 목요일에 보자. 안녕!"

정신없이 쏟아내는 마고의 이야기를 주어 담으며 론다는 마고와 통화를 한 몇 분 동안 줄곧 뜀박질을 한 것 같았다.

'한참 동안 밖에서 줄을 서 있어야 한다고? 그런데도 거기엘 가야 하는 이유가 뭘까? 뭔지 몰라도 재미있겠는걸. 하긴 마고랑은 같이 있기만 해도 재미있으니까.'

드디어 마고와 만나기로 약속한 목요일이 되었다. 론다는 윌에게 아이들을 맡기고 맨해튼으로 가는 기차를 탔다. 기차에서 내려 블리커 가를 따라서 설리번 가 쪽으로 걸으면서 맨해튼의 소호 *Soho*와 그리니치 *Greenwich*가 만나는 곳의 다양한 건축물과 독특한 사람들을 즐거운 마음으로 바라보았다.

'아, 도시의 저녁이 이렇게 활기찬지 잊어버리고 있었어.'

설리번 가에 다다르자 길 건너편에 정체를 알 수 없는 조그만 음식점 하나가 눈에 들어왔다. 문 앞에는 차양이 드리워져 있었고 그 위를 덮은 투명한 비닐 커튼은 바닥까지 내려와 있었다. 겨울이라 사방은 금세 어둑어둑해졌고, 그 음식점은 눈여겨보지 않으면 거의 눈에 띄지도 않는 곳이었다. 그 와중에도 10여 명이넘는 사람들이 차양 밖에 줄을 서 있었고, 비닐 커튼 뒤로도 몇 사람이 더 서 있는 것을 그림자로 알 수 있었다.

론다는 잠시 멈춰 서서 '설리번 가 824번지' 라고 쓴 메모지를 들여다보았다. 약속 시간이 조금 지난 6시 5분이었다.

'저 음식점이 바로 마고가 말하던 그 깔끔하고 마음에 드는 음식점이란 말이야? 저 초라한 비닐 커튼은 다 뭐람!'

론다가 길을 건널 때 택시 한 대가 휙 지나갔고, 건너편 보도에 다다르자 창문에 손으로 쓴 '타카라 투' 라는 빛바랜 글씨가 보였다.

"론다! 여기야, 여기!"

가게 문 앞에 늘어선 줄의 거의 끝부분에는 오들오들 떨고 있는 여자친구를 껴안고 있는 젊은 남자가 보였고, 론다를 부르는 그 목소리는 그 젊은 남자의 배낭 뒤쪽에서 들려오고 있었다. 얼굴을 삐죽 내밀고 길 건너편의 론다를 보고 있는 사람이 바로 마고였다. 론다는 마고에게 반갑게 손을 흔들었다.

"길 건너에서 뭘 하고 있었니?" 마고가 물었다.

"어리벙벙한 촌 아줌마가 자기가 태어난 도시인데도 어디가 어딘지 몰라서 헤매고 있었지. 그건 그렇고 기차에서 내려서 걸어오다 보니까 정말 재밌더라. 이 동네가 이렇게 재미있는 곳인지 잊어버리고 있었어."

"타카라 투를 보고 좀 놀랐지?"

"사람들이 왜 이런 곳에서 이렇게 줄을 서 있는 건지…. 사실 좀 놀랐어. 음, 난 뭔가 멋진 곳을 상상했었거든."

그때 줄이 앞으로 조금 당겨졌고, 차양 쪽으로 몇 발자국 다가가는 동안 론다는 주위를 좀 더 자세히 볼 수 있었다. 드리워져 있는 비닐 커튼 안쪽에 실내용 난방기구가 눈에 띄었다. 음식점 안에는 한쪽 끝에서부터 반대편 끝까지 연결된 기다란 테이블이 여러 개 있었고 각각의 테이블에는 빽빽하게 사람들이 앉아 있었다. 론다는 계속해서 이야기했다.

"음, 놀라기보다는 호기심이 조금 생기는 걸? 난 네가 아주 마음에 드는 음식점이라고 해서 좀 더 현대적인 음식점을 상상했었거든. 뉴욕의 유명한 장소들은 다들 세련되고 현대적이잖니. 그것도 내가 가진 선입견인가 봐."

"물론 네 말처럼 이 근처엔 최신 유행하는 인테리어로 완벽하게 치장해 놓은 현대적인 초밥 식당이 정말 많아. 너를 그런 곳에 데려갈 수도 있었지. 그런 곳이라면 이렇게 밖에서 줄을 서서 기다릴 필요도 없고 말이야. 하지만 이 음식점은 오후부터 줄을 서기 시작해서 밤 늦게 가게 문을 닫을 때까지 늘 이렇게 손님들의 줄이 끊이질 않아. 4년 동안 매일 말이야. 정말 굉장하지 않니?"

계획의 퇴보는 있을 수 있다.

그러나 계획의 무산은 막아야만 한다.

변화를 받아들이는 것과

그것을 정착시키는 것은

완전히 별개의 문제이다.

무언가 새로운 것을 시도하려고 할 때는

마치 중력이 작용하듯이

예전에 계속 해 왔던 방식으로

자꾸만 돌아가고 싶어지게 마련이다.

변화보다 어려운 것은 변화를 정착시키는 것

그때 웨이터가 맛을 보라며 시식용 생선초밥을 가져오는 바람에 잠시 대화가 끊어졌다. 웨이터는 '뉴욕 롤'이라는 것을 가져다 주었다. 잠시 맛을 보고 나서 마고가 말을 이었다.

"새로운 일은 어때? 할 만하니? 혁신적인 간호 문화를 만들어 내는 데 견인차 역할을 한다는 소문이 여기까지 들리던데, 더군다나 책임자로 승진했잖아. 기분이 어때?"

"내 직장문제로 즐거운 저녁식사를 망치고 싶지 않아."

"문제라니?"

"아, 그만. 마고, 정말이야. 너를 만나니까 정말 기쁘다. 넌 요즘 어떻게 지내는지, 네가 하고 있는 일은 어떤지 모두 듣고 싶어. 하지만 내 직장문제를 얘기하기 시작하면 아마 3일 밤낮을 해도 모자랄 거야."

"론다, 우리가 한두 해 봐 온 사이니? 이제까지 항상 서로를 위해서 함께 있어 왔고, 언제나 무엇이든 털어놓고 얘기할 수 있었잖아. 도대체 병원에서 무슨 일이 있는 거니? 얘기해 봐."

"네가 말한 그 '혁신적인 간호 문화'가 조금씩 사라져가고 있어. 내가 관리자가 되자마자 산산조각 나고 있다니까. 그런데 그걸 뻔히 보고 있으면서도 내가 도대체 어떻게 해야 되는지 모르겠어. 현실에서 부딪히는 문제를 어떻게 해결해야 하는지 말이야.

뿌리째 흔들리는 기분이야.

사실 이전에도 계획이 퇴보하고 있다는 조짐은 어느 정도 느낄
수 있었어. 어떤 상황이든 변화는 있게 마련이잖아? 직장을 옮긴
다거나, 승진, 진학, 혹은 가족을 이루기도 하면서 말이야. 그런
데 지금은 퇴보 정도가 아니라 아예 계획 자체가 수포로 돌아갈
위험에 처했어. 오랫동안 그런 일은 없었거든."

"와, 너 정말 많이 달라졌다! 만날 때마다 점점 더 관리자처럼 말
을 하잖아. 기운 내! 계획의 퇴보는 으레 있게 마련이야. 네 말마
따나 직장을 옮기고, 기호도 바뀌고, 승진을 하기도 하고 말이야.
하지만 너라면 계획이 완전히 무산되는 건 막을 수 있을 거야."

"새로 채용한 후앙이라는 보조간호사가 있는데, 굉장히 유능하
고 친절한 사람이야. 우리 병동에 꼭 필요한 사람이지. 그런데
함께 일한 지 며칠 되지도 않아서 우리 병동에 있기가 싫다는 거
야. 다른 병동으로 옮기고 싶대. 6층 병동에서 느껴지는 활력이
나 에너지를 좋아하지만 자신이 우리 팀의 일부라는 생각이 들
지 않는다는 거야."

"신참이라고 다른 직원들이 텃새를 부린 건 아니고?"

"아니, 동료들이 쌀쌀맞아서 그런 건 아니래. 다들 예의 바르고
정중하대. 그런데도 다른 직원들과 섞이질 못하고 겉도는 느낌
이 든다는 거야. 마들렌이 있을 때는 한번도 이런 일이 없었는
데…. 정말 속상해."

"론다, 넌 아주 훌륭한 관리자야."

"빈말이라도 나의 리더십에 대해서 칭찬해 준 건 고맙지만, 마들렌의 빈 자리를 채울 만한 능력이 과연 내게 있는 건지 의심스러워. 게다가 환자들과 우리 간호사들 사이에 특별한 관계도 사라지기 시작한 것 같아. 이젠 어떻게 해야 할지 모르겠어."

"네가 직면한 문제는 어느 조직이라도 반드시 겪을 수밖에 없는 문제들이야. 설사 마들렌이 계속 책임자로 남아 있었다하더라도 마찬가지였을 거야."

"그게 무슨 말이야?"

"나도 회사를 다니면서 느낀 건데, 변화를 받아들이고 실행하는 것과 그것을 정착시키는 것은 완전히 별개의 문제야. 무언가 새로운 것을 시도하려고 할 때는 예전에 계속 해 왔던 방식으로 자꾸만 돌아가고 싶어지잖아? 마치 중력이 작용하듯이 말이야. 근데 초기에는 열정이나 에너지가 풍부하기 때문에 그런 중력의 저항이 있는지조차 몰라. 문제는 시간이 조금 지나서부터야. 얼마 동안 계획이 잘 실행되고 나면 곧 중심을 잃고 흐지부지되기 쉽지."

"그래, 네 말이 맞아."

"계획이 계속해서 잘 돌아가게 하려면 좀 다른 형태의 참여와 집중이 필요한 거야. 생각해 봐. 초기에 그 폭발적인 에너지가 어디에서 나왔겠니? 그건 네가 했던 재미있는 이벤트나, 특별행사

같은 외부적인 요소에 의해서 발생한 거잖아."

"음….”

"새로운 방법이 조직에 정착해서 계속 효과를 내느냐, 아니면 그냥 흐지부지 사라져 버리느냐는 결론적으로 에너지의 원천과 방향에 달려 있어. 그러니까 내 말은 외부에서 주입하는 열정과 에너지만으로는 한계가 있으니까, 팀원 각자의 내부에서 자가발전을 하듯이 에너지가 나오도록 해야만 한다는 거야."

"어떻게 그렇게 잘 알고 있니?"

"예전에 고객서비스 프로젝트를 맡았다가 비슷한 경험을 한 적이 있었거든. 조금 이따가 자리에 앉아서 천천히 더 얘기해 보자. 그런데 나 한 가지 고백할 게 있어."

"뭔데?"

"전에 너랑 통화할 때, 내가 윌과 통화했다고 잠깐 얘기했었지? 실은 우리가 이 음식점에서 만난 건 이유가 있어. 마침 네가 없을 때 전화를 했는데, 윌이 나한테 할 말이 있다고 하더라. 뭐냐고 물었더니, 병원 일로 네가 힘들어한다는 얘길 하더라구. 윌은 정말 너를 많이 걱정하고 있어."

"윌과 내 얘기를 했다고?"

론다는 약간 언짢았지만, 전혀 그럴 일이 아니라는 생각이 들었다.

"응, 네가 전화하지 않았더라도 아마 내가 전화를 했을 거야."

"아, 그랬구나. 그런데 말이야, 누가 책임자이든 간에 이런 일은 일어날 수밖에 없는 걸까? 어떻게 생각해? 반드시 겪어야만 하는 주기週期나 단계 같은 걸까? 요즘 들어서 정말 이 문제 때문에 고민이야. 내가 이 새로운 업무를 감당할 능력이 없는 게 아닌가 하는 생각이 자꾸 들고."

"흔히 일어나는 문제를 겪고 있을 뿐이야. 기운 내, 론다. 너 오늘 여기에 온 걸 행운인 줄 알아라. 그런 문제를 해결한 좋은 본보기가 있어. 지금 서 있는 이 줄 말이야."

"이 줄? 그게 무슨 말이야?"

"4년 전부터 매일 이렇게 타카라 투 앞에 사람들이 줄을 서기 시작했어. 눈 깜짝할 사이에 유행과 취향이 변하는 뉴욕에서 4년 동안이나 말이야. 이곳의 웬만한 가게들과 비교해 볼 때 여긴 정말 오래된 셈이지. 안에 들어가면 이시하라 Ishihara 부인, 본인은 그냥 이쉬 Ishy라고 불러 달래, 그리고 남편을 만나게 될 거야. 이 분들이 워낙 바빠서 우리랑 인사할 짬을 낼 수 있을지 장담할 수는 없지만, 아무튼 오늘 우리가 온다는 걸 알고 있어. 내가 직장에서 문제가 생길 때마다 찾아와서 의논하고 도움을 받는 분이 바로 이시하라 부인이야. 정말 유쾌하고 든든한 의논 상대거든. 이쉬가 너를 도울 수 있을 거야."

"생선초밥 만드는 사람과 은행 업무에 대해 의논한다는 말이니?"

"물론이야! 이쉬는 정말 훌륭한 리더야. 아마 너도 곧 알게 될 걸? 무엇보다도 이쉬는 어떻게 하면 혁신적인 변화를 계속 유지시키고 발전시켜 나갈 수 있는지 알고 있어."

"그런데, 이쉬가 네 친구라면 어쩌서 우리가 이렇게 줄을 서야 하지?"

"그게 바로 이쉬의 경영 노하우야. 이 음식점에서는 모든 사람이 특별해. 예약도 안 받고 새치기라는 건 있을 수도 없어."

"그녀가 어떻게 사업을 운영하는지 보려고 우리가 여기 온 거란 말이지?"

"그래. 그거야. 이쉬네 집안은 오래 전부터 시애틀에서 생선초밥 식당을 하고 있었대. 가족들이 모두 함께 운영하는 그 음식점의 이름도 '타카라Takara'라고 하더라. 그런데 이쉬는 생선초밥 주방장이 되고 싶었다는 거야. 일식 분야에서 여성이 생선초밥 주방장이 되는 건 일식日蝕이 일어나는 경우만큼이나 드문 일이었지만 이쉬는 단단히 결심했대. 최고의 생선초밥 주방장이 되어야겠다고 말이야."

"그래서?"

"보다시피 일류 생선초밥 주방장이 되었어. 정말 대단하지 않니? 근데 더 대단한 건 이쉬의 남편이야. 히로Hiro 씨는 정말 훌륭한 사람이지. 이쉬가 시애틀에서 타카라를 경영하고 있을 때, 그곳의 생선초밥 주방장이었던 히로 씨는 틈 날 때마다 그녀에게 초밥 만드는 법을 가르쳐 주었어. 그렇게 해서 독립할 준비가 되었다는 생각이 들자 이쉬는 시애틀에 있는 타카라를 동생에게

넘겨주고 뉴욕에 와서 타카라 투를 개업한 거야. 그리고 그녀는 결심했던 대로 지금 미국 내에서 손꼽히는 생선초밥 주방장이 되었어."

"근데 왜 하필 뉴욕이야?"

"뉴욕이야말로 음식에 관한 한 세계의 수도 아니니."

감동적인 경험

이야기를 하는 동안 줄은 천천히 움직였고 론다와 마고는 차양 앞까지 다다랐다. 투명한 비닐 커튼 자락이 살짝 젖혀지면서 따뜻한 공기가 그들을 맞아 주었다. 론다와 마고는 차양과 비닐 커튼으로 둘러싸인 텐트 안으로 들어가서 키가 큰 매니저에게 이름을 대고 자리가 나길 기다렸다. 식당 내부에는 도저히 공존할 수 없을 것 같아 보이는 독특하고 개성 있는 손님들이 가득했다. 말쑥한 정장차림의 신사뿐만 아니라 낡고 지저분한 행색의 히피 스타일을 한 사람도 있었고, 한 쌍의 다정한 연인 옆에는 라구아디아 *LaGuardia* 공항(뉴욕 맨해튼에서 약 13km 정도 떨어진 곳에 있는 국제공항 — 역주)의 금속 탐지기를 전부 울리게 할 만큼 많은 금속 고리를 몸에 달고 있는 사람도 있었다. 그리고 그의 바로 옆에는 조용한 일본인 가족 네 명이 앉아 있었다.

키 큰 매니저는 바람처럼 사라졌다가 돌아와서 론다와 마고에게 메뉴를 건네고는 작고 정교한 붓글씨로 씌어진 특선요리를 가리켰다. 마고는 메뉴를 펼쳐 보지도 않고 매니저에게 돌려주며 론다에게 말했다.

"돋보기안경을 회사에 두고 왔어. 네가 대신 읽어 줘."

매니저는 미소를 지으며 마고의 메뉴를 받아 들고 상냥한 태도로 잠시 자리를 떠났다.

잠시 후 키 큰 매니저가 다시 론다와 마고가 있는 곳으로 돌아왔을 때 그는 여섯 벌의 돋보기안경이 가지런히 놓인 아름답고 섬세한 은쟁반을 들고 있었다. 여섯 벌의 돋보기는 가장 낮은 도수부터 가장 높은 도수에 이르기까지 도수가 표시되어 순서대로 놓여 있었다. 마고는 깜짝 놀란 표정으로 재빨리 가장 도수가 높은 돋보기를 집고는 메뉴를 다시 건네주는 매니저에게 고맙다는 인사를 했다. 옆에서 이 모든 광경을 유심히 보고 있던 론다를 바라보며 마고는 이렇게 말했다.

"여기서는 이렇게 항상 새로운 일을 경험하게 돼."

잠시 후 테이블이 준비되었다는 웨이터의 부드러운 음성이 들렸다. 론다와 마고가 음식점 안쪽으로 들어가자 열렬한 일본식 인사와 함께 직원들의 박수소리가 터져 나왔다. 환영받고 있다는 기분을 한껏 느끼게 해 주는 그들의 인사는 흥미로울 뿐만 아니라 무슨 진기한 모험이라도 하는 듯한 기대감까지 불러 일으키기에 충분했다.

론다와 마고는 주방장들이 생선초밥을 만들고 있는 카운터에서 가장 가까운 테이블의 끝부분에 앉아서 옆 테이블에 있는 사람들과 가벼운 목례로 인사를 나누었다. 이곳이 각박한 대도시 뉴욕의 한복판이라는 점을 생각하면 옆 테이블의 낯선 사람들에게 그렇게 선뜻 미소를 지어 보이는 일이 약간 어색한 행동이었지만, 타카라 투의 분위기는 너무나 가족적이고 친밀해서 오히려 옆에 있는 사람들에게 그런 인사를 하지 않으면 부자연스러울 것만 같았다. 이러한 따뜻하고 정감 어린 분위기에 호응하듯이 가게 안의 사람들 대부분은 활짝 웃으며 답례했다.

카운터 뒤쪽으로 약간 올라온 단 위에는 네 명의 생선초밥 요리사가 섬세하고 재빠르면서도 절제된 손놀림으로 열심히 초밥을 만들고 있었다. 새로 들어온 손님을 위해 박수를 칠 때를 제외하고 요리사들은 초밥을 만드는 데에 집중하면서 서로에게 소리를 지르면서 생선초밥을 준비하고 있었다. 가게 내부의 장식이라고는 고작해야 흰색의 회벽과 천장에 매달려 있는 복어 모양 장식물, 손으로 쓴듯한 낡은 간판, 실크스크린으로 무늬를 찍은 양탄자, 볼품없는 난방파이프, 깨끗하기는 하지만 다소 낡고 오래된 테이블, 그리고 빈 의자 하나 없는 방 한 칸이 전부였다. 카운터 뒤에 있는 네 명의 초밥 요리사 중에 여자는 단 한 사람뿐이었다.

그녀가 바로 이쉬였다. 론다와 마고가 자리에 앉을 때 이쉬는 마고에게 눈을 찡긋하며 웃음을 보냈다.

"자, 타카라 투 어때?"

론다가 적당한 단어를 찾아 대답하려던 차에 웨이터가 다가왔다. 웨이터는 론다와 마고에게 음료수를 무엇으로 할 것인지 물으며 주문을 받았다. 그리고 무엇이든 궁금한 게 있으면 편하게 물어보라고 이야기했다. 론다와 마고는 둘 다 홍차를 주문했다. 다른 요리를 고르기 위해 메뉴를 훑어보던 마고는 웨이터를 올려다보며 말했다.

"그냥 이쉬에게 맡길래요."

웨이터는 무슨 뜻인지 알았다는 듯이 미소를 지었다. 그리고 바로 앞에 와 있던 이쉬가 마고의 말을 듣고 명랑하게 웃었다.

웨이터와 이쉬가 조금 멀어졌을 때 론다가 마고에게 조용히 이렇게 털어놓았다.

"생선초밥이 아주 인기 있는 음식이라는 건 알지만 사실 난 남부지방의 전통음식과 다이어트 닥터 페퍼 Diet Doctor Pepper(청량음료의 일종 – 역주)가 더 좋더라."

"날 믿어 봐. 생각보다 맛있다니까. 그리고 여긴 초밥의 종류가 굉장히 많아서 네 입맛에 맞는 것만 골라 먹을 수 있어."

"알았어. 걱정하지 마."

잠시 후 웨이터가 아까와 같은 차분한 태도로 돌아왔다. 능숙한 손놀림으로 홍차 잔을 마고 앞에 놓은 웨이터가 론다 앞에는 주문한 적도 없는 다이어트 닥터 페퍼를 놓는 것이 아닌가. 론다가 깜짝 놀란 눈으로 그를 올려다보았고 웨이터는 그저 밝게 웃으며 고개를 끄덕일 뿐이었다.

"네가 생선초밥에 익숙하지 않다는 건 알아."

마고가 계속 말을 이었다.

"하지만 단순히 저녁을 먹으려고 여기 온 것은 아니야. 물론 여긴 뉴욕 최고의 초밥을 먹을 수 있는 곳이긴 하지만 말이야."

"이쉬를 만나러 온 거란 말이지?"

"응, 하지만 여기에 널 데리고 와야겠다고 생각한 건 월과 통화하고 나서 나 혼자 내린 결정일 뿐이야. 네가 여기에 오면 분명 무언가 큰 도움을 얻을 수 있을 것 같았거든. 내 추측이 틀렸다면 그냥 맛있는 음식이나 먹으면서 밀려 있던 수다나 떨자. 하지만 내 추측이 맞는다면 모처럼 수다 떨면서 맛있는 음식도 먹고, 아마 놀라운 사람도 만나게 될 걸? 이쉬 말이야. 이쉬는 개혁이라든지 혁신적인 변화와 같은 것을 성공적으로 조직에 정착하도록 만들고, 그런 바람직한 변화를 팀원들에게 지속시키고 유지시키는 열쇠를 스스로 찾아냈거든.

네가 지금 직면하고 있는 문제와 비슷한 일이 우리 회사에서 일어났을 때 난 이쉬에게 정말 큰 도움을 받았어. 예전에 아마 얘기 했을 걸? 새로운 고객서비스 프로그램을 시작하는 일에 관한 것 말이야. 그때 내가 맡았던 그 프로그램이 순조롭게 진행되었던 덕분에 나는 우리 은행 내부뿐만 아니라 은행에 관련된 다른 분 야에서까지 그 성과를 인정받게 되었어. 3년 전에 아마 너한테도 귀에 못이 박히도록 얘기했을 거야."

"아, 그 프로그램 말이지? '와우 *WOW*' 라고 불렀던가? 아님 그 비슷한 발음이 나는 거였는데…."

"응, 맞아. 기억력 좋구나."

"그래서 그 '와우' 프로젝트는 어떻게 되었니?"

"회사에서 일의 성과를 인정해서 업무의 범위를 좀 더 확대시켜 주었어. 그래서 내가 시티와이드 지도자 훈련 프로그램을 기획하 는 일에 참여하게 되었어. 그런데 그쪽 일을 시작하는 것과 거의 동시에 문제가 생기기 시작했어. 처음엔 순조롭게 진행되던 고객 서비스 프로그램이 조금 지나니까 마치 나사가 풀린 것처럼 와해 되기 시작하는 거야. 그때는 정말 얼마나 당황스러웠는지 몰라. 너도 알겠지만, 그때 받은 스트레스라는 건 정말이지 말로 다 표 현할 수도 없을 정도였어. 나에게 커다란 성공과 명성을 가져다 준 일이 같은 시기에 산산조각 나고 있었다는 걸 상상해 봐."

"나는 그때 우리 파트의 팀장이었는데, 너를 지켜보면서 경영이라 는 것은 확실히 내가 할 수 있는 일이 아니구나 하고 생각했던 기억이 나. 그냥 팀장 간호사에 만족하고, 그 자리에 머물러 있을 걸 그 랬나 봐."

"무슨 소리야, 론다. 넌 타고난 리더라구."

"아, 정말 자신 없어."

"어쨌거나 내가 이쉬를 만난 건 시티와이드 지도자 훈련 프로그 램에서였어. 이쉬는 사람들이 타카라 투에 다시 찾아오게 할 뿐 만 아니라, 여기서 겪은 멋진 경험을 친구들과 동료들에게 자랑 하고 싶어 하도록 만드는 놀라운 비결을 알고 있었어. 이쉬와 남 편, 그리고 모든 종업원들은 훌륭한 생선초밥 식당이라는 비전 을 계속 유지시키는 비법을 갖고 있었고, 세계에서 가장 경쟁이 심한 뉴욕의 외식 업계에서 그 비법을 적절하게 사용하고 있었 던 거지."

"그 비법이 뭐야?"

"론다, 너무 서두르지 마! 일단 오늘은 타카라 투를 경험해 보고 나머지는 이쉬에게 맡겨. 경쟁이 치열한 환경에서 조직의 비전 을 조직 내부에 정착시키는 방법에 관한 책이라면 나도 누구 못 지않게 많이 읽어 보았지만, 실제로 내가 효과를 얻은 지식은 거 의 모두 이쉬에게 배운 거였어."

그때 웨이터가 첫 번째 요리를 들고 나타났다.

"블록 부인과 카터 부인, 구운 방어 초밥이 나왔습니다."

웨이터는 생선초밥이 담긴 커다란 접시를 테이블에 놓으며 말했다.

"다시 뵙게 되어 반갑습니다, 카터 부인. 블록 부인은 오늘 저희 집에 처음 오신 거죠? 타카라 투에서 편안하고 즐거운 시간 보내시길 바랍니다. 다음 요리가 나올 때까지 두 분만 계시도록 물러나 있겠습니다. 이 받침대에 있는 생선초밥을 다 드시거나 접시를 아래에 내려놓으시면 필요한 것이 있는 걸로 알고 다시 오겠습니다."

웨이터는 테이블을 우아하게 장식하고 있는 소형 받침대 위에 섬세한 손길이 느껴지는 생선초밥을 놓았다.

"고맙습니다. 저기…, 물어볼 게 있는데요, 타코 Tako 씨."

론다는 웨이터의 이름표를 힐끗 보며 말했다.

"예, 말씀하시죠."

"아까 그 다이어트 닥터 페퍼 말인데요. 제가 그걸 마시고 싶어 했는지 어떻게 아셨죠?"

"말씀하시는 것을 들었습니다. 원치 않으시면 다시 가져갈까요?"

"아니오, 사실은 너무너무 마시고 싶었어요! 고마워요. 하지만 음료 메뉴 중에는 이게 없었던 것 같은데…."

"아, 저희가 미처 구비해 놓지 못해서 거기에 없었던 겁니다. 여기에서 한 블록쯤 떨어진 곳에 다이어트 닥터 페퍼를 파는 델리 (deli, 음료와 간단한 음식을 파는 간이음식점―역주)가 있거든요. 운동도 할 겸 거기에 가서 사 왔습니다. 맛있게 드신다면 더 바랄

게 없겠습니다."

웨이터는 정중한 미소를 짓고는 이제 막 손님이 떠난 테이블을 치우고 있던 다른 종업원을 도우러 갔다.

"자, 이제 본격적으로 초밥을 먹어 볼까? 이건 황다랑어의 목 부위야. 정말 맛있어. 젓가락을 들고 한번 먹어 봐." 마고가 말했다.

"가만, 그런데 웨이터가 우리 이름을 어떻게 알았지?"

의아한 표정을 하고 있던 론다를 보고 마고가 씩 웃더니 대답했다.

"아까 우리가 입구에 있을 때 인사했던 매니저 기억나니?"

"응, 키가 큰 매니저 말이지? 우리 이름을 적고는 이름을 정확하게 발음했는 지 확인해 달라며 반복해서 이름을 불렀잖아. 좀 특이하다 싶었지만…. 지금 보니까 웨이터에게까지 이름이 전해진 거구나. 언제 우리 이름까지 다 얘길 한 거지?"

"모르겠어, 하지만 매번 한 치의 오차도 없이 일어나는 일인 걸."

론다와 마고는 곧 맛있는 초밥과 신선하고 쫄깃쫄깃한 회에 빠져 계속해서 감탄사를 내뱉으며 마지막 생선초밥까지 모두 먹어 치웠다. 식사 도중에 주문을 받았던 웨이터가 등받이가 없는 간이 의자를 들고 와서 론다와 마고 옆에 잠시 앉기도 했다. 웨이터는 음식 맛이나, 필요한 것이 없는지는 물어 볼 생각도 하지 않고 생선초밥에 대한 얘기만 나누었다. 겨우 몇 분 정도의 짧은 대화였지만 웨이터의 여유 있고 편안한 태도가 무척 인상적이었다.

비전이 무엇인지 확인하고

그 비전을 일상 속에서 실천할 때

비전은 비로소 손에 잡힐 듯 선명해진다.

스치듯 지나가는 '비전의 순간'을

예민하게 포착했다면 바로 그 순간이

비전을 행동으로

실천해야 하는 순간이다.

사람들을 가게 앞에 줄 서게 만든 비결이 뭐죠?

"생선초밥 어떠세요?"

론다와 마고가 대화를 멈추고 올려다보니 이쉬가 어느새 테이블 옆에 와 있었다.

"너무 맛있어요, 이쉬. 참, 이쪽은 내 친구 론다에요. 내가 일전에 전화했을 때 굿 사마리탄 병원에서의 론다가 무슨 일을 하고 있는지 얘기했었죠?"

"아, 론다! 마고한테 얘기 많이 들었어요. 타카라 투에 오신 걸 진심으로 환영합니다. 정말 잘 오셨어요. 지금 당장은 몇 분 정도 밖에 시간이 없지만, 잠깐 인사라도 나누고 싶었어요.

2년 전에 마고와 함께 마고가 다니는 은행의 문제를 해결할 방법을 궁리하면서 아주 즐거운 시간을 보냈어요. 그래서 이번에도 기꺼이 도와드리고 싶어요. 물론 간호 분야의 일은 생선초밥을 만들고 음식점을 운영하는 일보다는 훨씬 복잡하겠지만⋯. 마고가 그러더군요. 변화라든지 혁신과 같은 것을 항상 유지하려면 저희 음식점에서 시도하는 방법이 도움이 될 거라구요. 궁금한 것이 있으면 무엇이든 물어보세요."

"어떻게 4년 동안이나 손님들이 문 앞에서 줄을 서도록 만드셨어요? 특별한 비결이 뭐죠?"

이쉬는 환하게 웃으며 대답했다.

"한 번에 하나씩, '비전의 순간' 으로요."

"비전의 순간이라니요?"

"저뿐만 아니라 우리 직원들 모두는 이곳의 변화를 위해서 함께 노력하며 애썼고, 그렇기 때문에 우리가 일구어 낸 성과에 대해서도 공동의 책임이 있다는 걸 잘 알아요. 지금은 이렇게 손님들이 고맙게도 문 밖까지 줄을 서고 있지만, 어떤 이유든 이 줄은 내일 당장이라도 사라질 수 있습니다. 우리는 모두 그 점을 잘 알고 있어요. 그래서 가능한 한 많은 '비전의 순간' 속에서 살아가려고 노력합니다.

마고와 저는 시티와이드 지도자 훈련 프로그램에서 만났어요. 거기서 우리는 목적하는 바를 분명하게 아는 일과 그 목적을 이루기 위해서 비전을 찾는 일에 대해서 많은 얘기를 나누었습니다. 그래서 저는 타카라 투의 비전을 이루어 나가는 매일, 매순간을 '비전의 순간' 이라고 부르게 되었어요."

"저는 오늘 처음 여기엘 왔는데, 여기서 경험한 것 모두 다 굉장히 특별했어요. 특히 메뉴에도 없는 다이어트 닥터 페퍼를 사다 준 일 말이에요."

"예, 저도 보았습니다. 타코는 항상 어떻게 하면 손님에게 더욱 앞선 서비스를 제공할 수 있을까를 고민하는 사람이죠."

"맛있는 생선초밥은 물론이구요."

옆에서 마고가 한마디 거들었다.

"물론이죠! 생선초밥의 맛은 대단히 중요합니다. 하지만 그게 전부는 아니에요. 사실 초밥의 맛으로만 따진다면 더 맛있는 생선초밥을 만드는 음식점이 있을지도 몰라요. 하지만 우리 집을 찾은 손님들이 그냥 가버리지 않고 저렇게 줄을 서는 이유는 우리가 손님을 위해서 만들어 내는 특별한 경험 때문입니다. 우리는 손님들에게 보다 멋진 경험을 주려고 늘 그 방법을 연구하고 있어요."

"손님을 위해 만들어 내는 특별한 경험이라구요?"

"론다, 경험해 보았을 테니까 한번 말해 보세요. 오늘 우리 가게에서 무엇을 경험했나요?"

"음…, 몇 가지가 있어요. 중요한 걸 놓쳤다하더라도 너그럽게 봐 주셔야 해요. 제 생각에는 메뉴에 있는 음식의 질적인 수준이나 맛을 유지하는 것이 손님들이 가장 직접적으로 느낄 수 있는 멋진 경험의 하나인 것 같아요. 최상급의 참치가 들어오지 않은 날은 아예 참치 없은 초밥을 내놓지 않는다고 마고가 말하더군요. 극단적이지 않으면서 절제된 실내 인테리어도 경험의 일부분이구요. 게다가 웨이터의 다정하고 붙임성 있는 태도 역시 계속해서 노력한 흔적이 보여요. 그런 것도 손님이 느낄 수 있는 경험의 일부분이죠. 그리고 밖에서 줄을 선 손님들에게 상냥하게 웃으면서 시식용 생선초밥을 맛보게 해 준 것도요. 그런데 한 가지 아쉬운 게 있다면, 밖에서 기다릴 때 너무 추워서 엉덩이가 얼어붙는 줄 알았어요."

이쉬가 웃으며 이렇게 대답했다.

"아, 미안해요. 마고와 당신이 도착하기 직전에 밖에서 기다리는 손님들을 위한 뜨거운 물주머니가 다 떨어졌거든요. 죄송해요. 아무튼 계속하세요."

"차양을 쳐서 기다리는 손님을 배려하는 것도 좋은 아이디어 같아요. 그건 배려와 동시에 음식점의 인기를 아주 미묘하게 과시하는 효과도 있는 것 같거든요. 그리고 가게 내부에 들어오자마자 사방에서 터지는 직원들의 활기찬 인사와 박수도 마찬가지구요. 하지만 가장 인상 깊었던 것은 우리를 맞이하는 종업원의 서두르지 않는 태도였어요. 가게에 손님들이 가득 차 있어도, 종업원들의 여유 있고 느긋한 태도를 보면 '여기에서 밤새 있어도 괜찮겠구나' 싶을 만큼 편안한 기분이 들더라구요."

"편안하게 느꼈다니 정말 다행이에요."

이쉬가 대답했다. 다시 론다가 이야기를 계속했다.

"중요한 건 손님들에게 편안한 여유를 주면서도, 계속해서 새로운 손님을 받고 있었다는 사실이에요. 지금 깨달은 것인데 종업원들은 각 코스의 요리를 가져온 후에 손님이 접시를 비우면 즉시 빈 접시를 치웠어요. 종업원이 빨리 움직였기 때문에 상대적으로 손님들은 서두를 필요가 없었던 거죠. 제 말이 맞나요?"

"내일부터 여기서 일하셔도 되겠어요!"

이쉬의 말에 모두 크게 웃었다.

이쉬는 론다를 똑바로 보고는 말을 이었다.

"론다, 당신을 돕고 싶다고 한 말은 진심이에요. 내가 도울 일이 있으면 꼭 알려 주세요. 방금 당신은 타카라 투의 비전을 순식간에 간파했어요. 우리의 비전이 가진 특징들을 대부분 알아 본 거예요. 하지만 눈에 보이는 것이 전부는 아닙니다. 당신도 예상했겠지만, 진짜 비결은 개개인이 따로 떨어져 있든 여기 있는 모든 사람이 함께 있든 비전의 순간을 살아감으로써 공동의 비전을 싱싱하게 유지시키는 거예요. 당신이 굿 사마리탄 병원에서 놀라운 변화를 이루어 냈다는 얘길 마고에게 들었어요. 하지만 그건 시작에 불과해요. 이제는 그 변화를 매일 새롭게 만들어 줄 새롭고 강력한 엔진을 달아야 할 때입니다. 도울 수 있다면 최선을 다해서 돕고 싶어요."

"병원으로 돌아가서 사람들에게 '비전의 순간'에 대해 이야기하라는 건가요?"

"음, 그것도 좋지만…. 아, 좋은 방법이 있어요. 이러면 어떨까요? 마고와 둘이서 느긋하게 산책을 즐기다가 한 시간 후에 여기 다시 오세요. 그때쯤이면 손님이 많이 빠져 나갈 테니까, 좀 더 차분하게 얘기할 수 있을 거예요. 그럴 시간 있으세요?"

론다는 마고를 쳐다보았고, 마고는 고개를 끄덕였다.

"물론이죠."

론다가 말했다.

"한 시간 있다가 다시 올게요."

론다와 마고가 자리에서 일어서자, 이쉬는 자리로 돌아가며 다른 주방장들에게 일본말로 무엇인가 소리쳤다. 그러자 카운터에 있던 세 명의 요리사가 이쉬와 함께 빙긋이 웃으며 이쉬의 말을 큰 소리로 따라했다. 론다는 마고를 보며 이렇게 물었다.

"이쉬가 방금 뭐라고 했는지 궁금하지 않니? 무슨 마법의 주문이라도 되는 것처럼 다른 요리사들도 그 말을 따라하니까 기운이 펄펄 나는 것처럼 보이잖아."

"'사악한 초밥마녀가 다시 일하러 간다!' 라고 하지 않았을까? 가끔 그런 엉뚱한 행동을 하더라구. 사소한 일이지만 그런 엉뚱하고 재미있는 일이 삶에 활기를 주잖아."

마고와 함께 천천히 타카라 투를 나와서 론다는 윌에게 늦게 들어갈 것 같다고 전화를 했다. 문득 론다는 무언가 해답이 잡히는 듯한 희망을 느낄 수 있었다.

'4년이라구? 어쩌면 여기에….' 론다는 생각에 잠겼다.

"근처에 있는 다른 생선초밥 식당에 가 보자."

골똘히 생각에 빠진 론다에게 마고가 이렇게 제안했다. 론다와 마고는 가까운 거리에 있는 생선초밥 식당 세 곳을 둘러보았다.

가장 바쁠 저녁 시간인데도 세 군데 모두 한산해 보였다. 인테리어에 엄청난 비용을 들인 것처럼 보이는 휘황찬란한 한 곳은 거의 텅 비어 있었다.

마고가 창문 너머로 식당 안을 들여다보면서 이렇게 말했다.

"인테리어에 엄청나게 많은 돈을 들였지만 손님들이 중요하게 생각하는 경험, 진짜 감동받을 만한 경험은 만들어 내지 못했던 거야. 틀림없이 이곳의 생선초밥도 맛으로 따지자면 최상급이겠지만, 확실한 비전은 없을 거야. 세계적인 수준의 시설을 갖추면 뭐 하니? 그 시설에 어울리는 비전을 실천하지 못하는데."

마고는 계속해서 말을 이었다.

"론다, 너와 너희 병동의 직원들은 6층에서 이루고 싶은 확실한 비전을 가지고 있잖아. 너는 환자와 직원 모두를 위해서 아주 특별한 경험을 만들어 냈고, 모든 사람의 아픔을 치유할 수 있는 장소를 만들었어. 네가 그렇게 열심히 노력해서 만들어 낸 특별한 경험을 더욱 싱싱하게 살리고 더욱 활기차게 유지해야 해. 그리고 무슨 일이 있어도 물러서지 않겠다는 다짐을 하고 절대 후퇴하지 않으려고 노력하는 것이 너를 기다리고 있는 다음 단계의 도전이야."

무엇을 어떻게 시작해야 할까?

론다와 마고가 다시 타카라 투에 갔을 때 이쉬는 빈 테이블에 앉아서 그들을 기다리고 있었다. 한쪽에서는 몇 명의 손님이 부지런히 식사를 마치고 있었다. 론다는 시간도 늦었고 모두들 하루 종일 열심히 일하고 난 뒤라서 피곤할 것이라는 생각으로 곧장 본론으로 들어가자고 이야기했다.

"이쉬, 당신이 내 입장이라면 무엇부터 시작하겠어요?"

"일과 IT(이 책에 나오는 IT는 조직의 비전에서 구성원 개개인이 갖는 미션, 비전, 목적, 가치 등을 총체적으로 일컫는 말이며, 특정한 단어의 앞 글자를 조합한 단어가 아니라 우리말 지시대명사 '그것'으로 바꿀 수 있는 말이다— 역주)에 대한 대화부터 시도해 보겠어요."

"IT라구요? 그게 뭐죠?"

"IT란 조직의 비전에서 당신 개인이 갖는 몫입니다. 구성원 각자의 개인 비전을 말하는 것이죠. 사실 조직 전체의 비전은 다소 화려하고 추상적인 말로 표현되게 마련이에요. 많은 투자가들이 개입되어 있기 때문에 그렇게 표현할 필요가 있는 거죠. 그러나 당신 자신의 IT는 좀 더 구체적이고 명확해야 합니다. 그리고 그것은 대화를 통해서 찾아내야 하구요. 사실 대화가 IT를 찾을 수 있는 유일한 방법입니다.

간호 분야에 특별한 철학을 갖는 것이 당신의 비전이라면, 업무에 대해서 그리고 일터에 대해서 다른 사람들과 대화함으로써 당신 자신의 IT를 찾아보세요. 하지만 병원에 가서 아무나 붙잡고 다짜고짜 IT에 대해 얘기하지는 마세요. 처음에는 용어 자체가 다소 생소하게 들리기 때문에 사람들이 혼란스러워 할 수도 있으니까요. IT란 용어를 굳이 쓰지 않아도 대화를 끌어갈 수 있습니다.”

“걱정 마세요. 제가 확실히 이해하기 전에는 직장에서 IT에 대한 얘기를 하지는 않을 거예요. 하지만 제가 제대로 이해하고 있는 건지 모르겠어요. 우리가 함께 만들어 가려는 6층 병동만의 특별한 경험이 개개인에게 어떤 관련이 있는지 그것에 대해 직원들과 이야기하라는 건가요?”

“맞아요! 바로 그거예요. 예컨대 이런 질문부터 해 볼 수 있죠. 우리의 귀중한 시간과 열정을 쏟아 여기에서 이루고자 하는 것은 무엇입니까? 무엇을 위한 것입니까? 그 비전에서 당신의 역할은 무엇입니까? 당신에게 지금 문제가 되는 것은 무엇입니까? 이런 종류의 질문이요. 동료들에게 자신이 무엇을 하는지, 어떻게 하고 있는지 잠시 멈추어서 생각하도록 만드는 깊이 있는 질문을 해야 합니다.

그런 대화를 통해서 얻는 큰 장점 중의 하나는 대화를 하는 것 자체만으로도 에너지 수위를 높일 수 있다는 겁니다. 자발적인 에너지는 자신에게 중요한 의미를 가진 것에 대해 이야기할 때 나오는 것이랍니다. 모두가 하루 중 대부분의 시간을 직장에서 보내고 있다는 사실을 잘 알고 있잖아요? 그래서 직장생활이 대화의 중요한 주제가 될 수 있는 겁니다. 이런 중요한 주제를 가지고 대화함으로써 구성원 각자가 변화를 지속시키는 에너지를 얻을 수 있습니다.”

“이번 주 초에 이와 비슷한 경험을 했어요. 평소에 일을 무척 잘하는 간호사가 작은 실수를 했었는데, 제가 그 문제를 가지고 그녀를 조금 지나치게 나무랐어요. 그러다가 우리는 진심에서 우러나오는 대화를 하게 되었죠. 그런데 그때 놀라운 사실을 하나 알게 되었습니다. 비전에 관한 대화를 나누는 것만으로도 그녀의 에너지가 회복되는 것 같았어요.”

론다는 아쉬운 표정으로 시계를 보며 말을 이었다.

“오늘은 너무 늦었으니까 다음에 다시 여기에 와서 더 얘기를 나누어도 될까요? 우리가 나눈 대화가 중요한 출발점이란 생각이 들었어요. 하지만 동시에 빙산의 일각이라는 생각도 드네요.”

마고와 론다는 타카라 투를 나왔다. 둘은 정거장에서 가볍게 포옹을 하고 곧 다시 만나 얘기를 나누자고 약속을 하며 헤어졌다. 돌아오는 기차 안에서 론다는 수첩을 꺼내 몇 가지를 적어 내려가며 ‘기억해야 할 것이 정말 많아.’ 하고 생각했다.

금요일이 훌쩍 지나가고, 주말에는 평상시대로 아이들과 함께 교회엘 갔다. 그리고 론다는 로스앤젤레스에 사는 의붓딸 앤과 오랫동안 통화를 했다. 론다와 앤은 서로 강한 유대감을 갖고 있었고 그 애틋한 감정은 세월이 지날수록 점점 더 커져갔다. 론다는 앤과 함께 살지 못하는 것이 아쉬워서 앤과 통화를 하고 나면 항상 서운한 마음을 감출 수가 없었다. 하지만 이번에는 주말에 앤이 집에 오겠다고 해서 그 계획을 짜느라 친구 같은 두 모녀는 서운함을 느낄 겨를도 없었다.

비전 속에서 자신의 IT를 찾아내는 유일한 방법은
동료와 일에 대해서 대화하는 것이다.
이러한 대화는 진심에서 우러나는
치열하고 진지한 대화여야 한다.
우리는 하루 중 대부분의 시간을 직장에서 보내기 때문에
일에 대한 동료와의 진지한 대화는
만족스러운 삶을 살기 위한 필수조건이다.
자발적인 에너지는 자신에게 중요한 의미를
가진 것에 대해 이야기할 때 나온다.

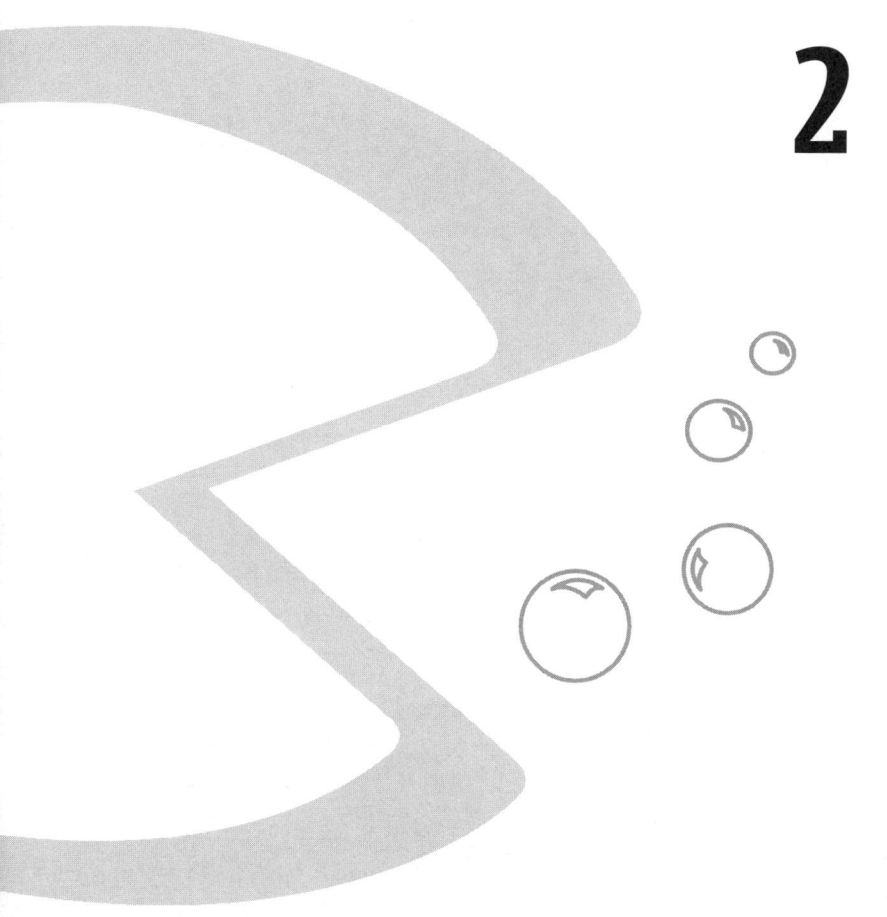

타카라 투에서 배운
세 가지 성공의 열쇠

2

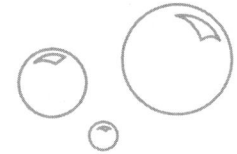

진심을 보여 주는 대화가 필요해

아이들이 각자의 방에서 공부를 하고 있는 사이 론다는 다시 병원 일을 생각하기 시작했다. 마고와 함께 지난주에 타카라 투에서 나누었던 이야기를 떠올리며, 동료들과 일에 대해서 대화를 해 보라는 이쉬의 조언을 곰곰이 생각해 보았다.

자발적인 에너지는 자신에게 중요한 의미를 가진 것에 대해 이야기할 때 나오는 것이기 때문에, 그런 대화를 하는 것만으로도 일에 대한 열정과 에너지를 되살릴 수 있다는 말이었다.

론다는 타카라 투에서 집으로 올 때 기차 안에서 적었던 쪽지를 꺼내어 천천히 읽어 보았다.

타카라 투에서 마고와 함께
저녁을 먹었던 날의 메모

• 마들렌이 계속 6층 병동을 책임지는 수간호사로 남아 있었다 하더라도 이런 문제는 생겼을 것이다. 외부적인 에너지를 내부에서 우러나오는 자발적인 에너지로 대체할 필요가 있다. 외부적이고 강압적인 에너지는 초기에만 효과가 있다.

• 타성에 젖은 과거의 낡은 습관으로 돌아가려는 욕구는 변화가 도입되는 그 순간부터 시작된다.

• 타카라 투는 손님들에게 언제나 특별하고 새로운 경험을 제공한다. 이쉬는 그렇게 얻은 인기를 4년 동안이나 한결같이 유지하고 있다.

• 이쉬는 굿 사마리탄 병원의 일, 나의 도전을 기꺼이 돕겠다고 했다. 종업원이 비전을 유지하는 방법에 대해서 더 가르쳐 주기로 했다.

• 진심에서 우러나는 대화가 필요하다.

• '비전의 순간' 이란 흥미로운 개념이다.

• 다이어트 닥터 페퍼 사건은 타코가 비전의 순간을 살아가는 모습을 잘 보여 준다. 돋보기안경 사건 역시 비전의 순간이다.

• 조직의 비전 안에서 개인의 IT를 찾아내는 방법에 대해서 얘기했다. 그러나 아직은 사람들과 잘 이야기할 수 있을지 확신이 서지 않는다.

- 동료들과 진솔한 대화를 나누는 일부터 당장 시작해야겠다.

- 대화를 할 때는 다음과 같은 질문을 할 수 있을 것이다.
    - 우리가 6층에서 이루어 내려는 것은 무엇입니까?
    - 무엇을 위한 것입니까?
    - 그 비전에서 개인의 역할은 무엇입니까?
    - 성공했을 때의 모습은 어떤 것입니까?
    - 퇴보하는 것을 막으려면 어떻게 서로를 도와야 하겠습니까?

- 대화를 시작할 필요가 있다. 병원에서 우리가 일구어 낸 변화를 지속시키는 일은 긴 여정이 될 것이고 대화는 그 여정의 출발점이다.

론다는 그 쪽지를 옆에 두고 지금이 바로 직장에서 대화를 시작해야 할 시기이며 이 시기를 놓치면 돌이킬 수 없다고 생각했다. 론다는 생일선물로 받은 데이비드 와이트 *David Whyte*의 시집을 꺼내 들었다. 마이크와 미아를 씻기기 전에 그 시집에 실린 시 몇 편을 읽어 보기로 했다. 특별히 좋아하는 시들은 페이지 귀퉁이를 접어 두었는데, 시집을 펼치며 론다는 이렇게 생각했다.

'난 정말 이 시인의 작품에 매료되었어. 시인이 시를 조직 문화에 끌어들이다니 말이야.'

유난히 눈길이 가는 시 한 편을 론다는 읽고 또 읽었다.

여 정

데이비드 와이트

산 너머로
거위가 다시
빛으로 변하네

확 트인 하늘에
검은 그림자를
드리우며,

때로는 모든 것을
하늘에
아로새겨야 한다네

그래야
당신 안에
이미 새겨진
선 하나를 찾아낼 수 있다네

찾아내려면
때로는
커다란 하늘이 필요하다네

작고 밝은
형언할 수 없는
가슴 속에 품고 있는
자유의 쐐기를

때로는
불이 다 꺼지고 남겨진
까만 뼈대만 앙상한
막대기를 가지고서

누군가가
새로운 것을 적어 놓았네
재 투성이
당신의 삶 속에다

당신은 떠나는 것이 아니라네
당신은 도착하고 있는 것이라네

시를 읽으면서 론다는 이렇게 생각했다.

'나는 도착할 거야. 다른 사람이 했던 것과는 다른 방식으로 새로운 곳에 도착할 거야. 그곳에는 독특한 도전이 기다리고 있어.

도전에 필요한 것은 모두 가지고 있지만 성공하리라는 보장은
없어. 굿 사마리탄 병원에서 하고 있는 훌륭한 일을 계속 유지하
고 더욱 새롭게 해야 해. 행동을 취하지 않으면 실패할 수밖에 없
어. 그래서 데이비드 와이트가 제안하듯이 나는 진심에서 우러
나는 대화를 시작할 거야. 우리만의 독특한 삶에 대해서 진지하
게 이야기할 거야.'

마음을 열면 에너지가 올라간다

"핑 *Ping*, 안녕하세요."

"론다, 안녕하세요. 휴게실에서 뭘 하고 계세요? 여기서 이렇게
쉬고 계신 모습은 거의 본 적이 없었는데요."

"처음 승진했을 때부터 했어야 했던 일을 이제야 하고 있는 거예
요. 사람들과 대화를 나누려고 해요. 핑, 우리가 이 병동에서 이
루려는 것에 대한 당신 의견을 듣고 싶군요. 커피 마시는 동안 잠
시 얘기할 수 있을까요?"

"론다, 제가 무슨 잘못이라도…."

핑은 약간 당황한 표정을 지으며 방어적인 목소리로 말했다.

"아, 아니오. 잘못을 지적하려는 게 아니에요. 핑, 당신의 업무
수행은 모두에게 모범이 되고 있어요. 나는 단지 대화를 하고 싶

어서 그래요. 약간 어색하고 쑥스럽겠지만, 우리가 하는 일에 대해서 진지하게 얘기하고 그 일이 우리에게 어떤 의미가 있는지 얘기해 보고 싶어요. 뭐랄까, 직장생활에 대해서 진심에서 우러나오는 대화를 하고 싶어요."

론다의 이야기를 듣고 핑의 표정이 눈에 띄게 밝아졌다.

"론다, 그거 정말 좋은 생각이네요. 조금만 기다리세요. 커피를 한 잔 더 가져올게요. 무엇 좀 드실래요?"

"아뇨, 괜찮아요. 고마워요."

"우리가 6층에서 만들어 가고 있는 것에 대한 제 의견을 알고 싶다고 하셨죠? 정확하게 무엇을 알고 싶으신지 다시 한번 말씀해 주세요."

"무슨 생각을 하면서 업무에 임하는지 알고 싶어요. 핑, 당신은 훌륭한 간호사예요. 게다가 같이 일하는 동료들까지도 즐겁게 해 주고요. 당신을 이끄는 것은 무엇인가요?"

"어머나, 과찬이세요. 이전에도 전 항상 좋은 간호사가 되려고 애써 왔어요. 하지만 마들렌이 처음 우리를 모아 놓고 우리의 선택에 대해서 얘기했을 때 저는 드디어 좋은 간호사를 넘어서 훌륭한 간호사가 될 기회가 왔다는 걸 깨달았죠. 그래서 즐거운 마음으로 명랑하게 지내려고 노력하고 있어요. 목에 힘주고 있는 사람은 우리 병원에도 충분히 많잖아요. 무슨 말인지 아시죠?"

"그럼요, 잘 알죠."

론다는 웃으며 대답했다. 핑은 계속 이야기했다.

"환자들과 같이 있을 때는 진심으로 그들의 이야기를 들어 주려고 노력해요. 제가 필요한 순간에는 항상 그 자리에 있으려고 하죠. 작은 일이라도 어떻게 하면 동료들의 하루를 밝게 해 줄 수 있을까 궁리하는 편이에요. 저는 여기에서 제 직장생활에 대한 이야기의 본론 부분을 쓰고 있다고 생각해요. 그리고 가장 멋진 이야기를 쓰고 싶어요."

"마들렌이 있는 동안 우리가 뿜어내던 에너지가 점점 사라지고 있다는 것을 눈치 채고 있나요?" 론다가 단도직입적으로 물었다.

"언젠가는 이런 얘기를 꺼내실 줄 알았어요. 맞아요. 느끼고 있어요. 하지만 정상적인 현상이 아닐까요? 영원히 지속되는 것은 아무것도 없잖아요?"

"그러기를 바란다는 말인가요?"

"아니요! 전 달라진 방식으로 일할 때 훨씬 큰 만족감을 느껴요. 우리가 일하는 방식을 바꾸기 전에는 사실 이곳에 잘 적응하지 못했었어요. 중환자실로 옮길까 고민도 하고 다른 병원에 이력서를 내보기도 했었구요. 2주 전에는 머시 병원*Mercy Hospital*에서 연락이 왔는데 계약 보너스까지 주겠다고 하더라구요. 하지만 저는 진심으로 이곳을 떠나고 싶지 않아서 거절했어요. 저는 우리 병동에 저의 시간과 열정을 투자했고 우리 팀과 함께 일하는 게 좋아요. 음, 팀의 대부분의 사람하고는요.

비효율적이고 낡은 예전의 방식으로는 절대 돌아가고 싶지 않아요. 티격태격 싸우고 무엇이 무엇인지 분간도 못하면서 일했으니까요. 그런 방식으로 돌아간다는 건 절대 안 될 말이죠. 예전에 우리 병동이 어땠는지 잘 아시잖아요."

"알고말고요."

"변해야만 한다고 깨달았던 순간을 아직도 잊을 수가 없어요. 마들렌이 가져온 시애틀의 파이크 플레이스 어시장에 대한 영화를 보고 나서 환자를 보러 갔을 때였어요. 환자의 붕대를 갈아주면서 복도에 있던 제 동료 헤더*Heather*와 계속 이야기를 했지요. 어쩌다가 환자를 보게 되었는데 환자의 얼굴을 보는 순간 내가 너무 건성으로 일하고 있구나 하는 것을 깨달았어요. 그리고 앞으로는 환자들을 위해서 완전히 '그 자리에 있겠다'라고 바로 그때 그 자리에서 결심했죠. 환자가 우리와 접촉하면서 얻게 되는 경험의 질이 중요하니까요. 하지만 지금 생각해 보면 그 결심은 시작에 불과했어요."

"시작이었다구요?"

"이걸 정확히 어떻게 표현해야 할지 모르겠지만, 건성으로 일하던 태도를 버리고 하고 있는 일에 완전히 몰입했더니 저 스스로에게 무언가 큰 변화가 일어났어요. 제 삶이 더욱 만족스러워지고, 전전긍긍하던 마음이나 조바심도 사라지게 되었어요. 환자 간호에 대한 구체적인 통찰로 시작해서 전체적인 업무의 질을 높이는 데까지 발전한 거죠. 론다, 요즘 우리 층에 여러 가지 문제가 있다는 건 알아요, 하지만…."

"핑, 정말 좋은 얘기군요. 이 얘기를 우리 층의 다른 사람들에게 들려주어도 괜찮겠어요?"

"그럼요. 괜찮고말고요. 하지만 이름은 말하지 말아 주세요. 이름까지 밝힐 필요는 없는 거죠?"

"그런데 아까 '팀의 대부분 사람'과 일하는 것이 즐겁다는 얘기는 무슨 뜻이죠?"

"그게…."

"편하게 얘기해 봐요."

"솔직히 말씀드리면, 새로 들어온 몇 사람은 우리가 일하는 방식을 이해하지 못하고 있는 것 같아요."

"후앙 같은 사람 말인가요?"

"꼭 집어 말씀하시니까 하는 말인데요, 후앙은 우리 팀에 맞지 않아요."

"이 병동에서 우리가 무엇을 이루었는지 그리고 왜 이루려 하는지 후앙과 얘기해 본 적 있나요?"

"아니요. 그런 것은 관리자의 일이 아닌가요?"

"그러네요. 내가 예전에 해야만 했었던 일인데 내가 책임을 다하지 못했네요." 론다는 계속해서 말을 이었다.

"처음 면접을 볼 때도 느꼈던 것이지만, 내가 보기에 후앙은 홀

류한 인재가 될 수 있는 사람이에요. 후앙이 여기 오기 전에 다녔던 병원에서도 그의 책임감과 적극성을 극찬했지요. 솔직히 난 이런 일로 그를 잃게 될까 봐 걱정이에요."

"그렇군요."

"나는 이 문제를 바로잡기 위해서 할 수 있는 일은 모두 할 작정이에요. 저기…. 핑, 그래서 말인데요. 날 좀 도와줘요."

"네?"

"시간을 좀 내서 후앙에게 당신의 견해를 얘기해 주고 후앙이 원하는 것이 무엇인지 들어 주면 정말 고맙겠어요. 후앙뿐만 아니라 다른 팀원들에게도 우리가 지금 했던 이런 이야기를 함께 해 본다면 정말 좋을 거예요. 물론 나도 같이 할 거구요. 어때요?"

"음, 좋은 생각 같아요. 해 볼게요."

"그렇다면 사람들과 대화할 때 도움이 될 만한 질문을 몇 가지 알려 드릴게요."

"함께 이야기할 주제 같은 것 말씀이세요?"

"네. 맞아요. 사람들에게 이런 질문을 하고 함께 이야기해 보세요."

"어떤 질문들이죠?"

"이런 것들이에요. 왜 간호사가 되었는가? 6층 병동에 있는 환자들과 직원들을 위해서 우리가 함께 만들 수 있는 굿 사마리탄 병원만의 특별한 경험은 무엇인가? 그런 경험을 만들어 내기 위해서 각자가 어떤 공헌을 할 수 있는가? 현재 스스로에게 걸림돌이

되는 것은 무엇인가? 이렇게 4가지 정도로 요약할 수 있겠네요."
주 중에 론다는 가능한 한 많은 시간을 휴게실 근처에서 보냈다.
조금 일찍 출근해서 야간근무조를 만났고 오후근무조 사람들과
만나려고 늦게 퇴근했다. 사람들과 만나서 이야기를 하면 할수
록 과거로 돌아가고 싶어 하는 직원은 아무도 없다는 사실을 확
인할 수 있었다. 모두 자신들이 만들어 낸 6층 병동의 활기찬 에
너지를 좋아했다. 하지만 문제는 변화 이후에 고용된 신입직원
들이었다. 새로 온 간호사들은 소외감을 느끼고 있었으며 세 명
의 임시직원들도 마찬가지였다. 선배 직원들은 모두 자기 업무
에 바빠서 후배들에게 신경을 쓴다거나 한데 모으려는 노력은
전혀 못하고 있었다. 임시직원들 역시 업무에 대한 교육은 철저
히 받았지만, 그들에게 6층 병동 사람들이 공유하고 있는 일에
대한 비전에 관해 얘기해 주는 사람은 아무도 없었다.

목요일 점심, 론다는 직원전용 구내식당에 혼자 있는 후앙을 보
고 쟁반을 들고 그의 옆으로 갔다.
"후앙, 안녕하세요. 점심 같이 먹을래요? 아님 혼자 먹고 싶어요?"
후앙은 론다를 만난 것과 론다의 갑작스런 얘기에 놀란 듯 보였
으나 이내 밝은 표정으로 환영하는 몸짓을 하면서 말했다.
"같이 드시죠. 저도 지금 막 먹기 시작했어요."
론다는 그의 옆에 앉아서 얼마동안 묵묵히 식사만 했다. 어색한

침묵을 깨며 론다가 말을 꺼냈다.

"처음 우리 병원에 면접을 보러 왔을 때, 인터뷰 자리에서 당신이 선발위원회를 얼마나 감동시켰는지 내가 얘기했었나요?"

"아니요. 그런 말씀을 들으니 기분이 좋네요."

후앙이 계속해서 말을 이었다.

"아내가 승진해서 우리 부부는 뉴욕으로 이사를 오게 되었어요. 여러 병원에서 함께 일해 보자는 제의가 들어왔었는데, 여기는 뭐랄까…, 제가 원하는 활기찬 에너지를 갖고 있어요. 그런데 저에게는 그게 통하지 않는 것 같으니 정말 이상하네요."

"통하지 않는 것 같다니요?"

"이곳에 온 이후로 줄곧 저는 제가 이방인이 된 것같이 느껴져요. 장난감이며 포스터, 물고기 인형이 사방에 널려 있지만, 그 어디에도 저는 속해 있지 않아요. 기존직원들은 다들 자기들끼리는 재미있게 지내는 것 같은데 저 같은 신입직원이 낄 틈은 없더라구요."

"그랬군요."

"온갖 멋진 일은 제가 이 병원에 오기 전에 다 일어났었나 봐요. 어제 핑과 잠시 얘기를 나누었는데 전 아직도 충격에서 벗어나지 못하고 있어요. 진짜 충격이었거든요."

"무슨 일이 있었나요?"

"어제 핑과 진짜 '마음을 터놓고' 대화를 했어요. 무슨 뜻인지 아시죠?"

"무슨 얘길 했는지 물어봐도 돼요?"

"방금 말씀드린 것처럼 저는 핑에게 소속감을 느끼지 못하겠다고 말했어요. 그게 제 솔직한 심정이었으니까요. 그랬더니 핑은 제가 직원들과 거리를 두고서 어울리려고 하지 않았기 때문이라고 하더군요. 정말 아픈 곳을 찔린 듯한 기분이었어요. 하지만 뭐, 완전히 틀린 말은 아닌 것 같아요. 그래서 그녀가 지적한 것을 좀 더 진지하게 생각해 보려구요."

"구체적인 방법 같은 걸 생각하고 있겠군요?"

"예, 맞아요. 그래서 동료들과 얘기를 더 나눠 봐야겠다고 생각했어요. 그러면 우리 병동을 움직이게 하는 것이 무엇인지 더 잘 이해할 수 있을 것 같아요. 이곳에 맞추기 위해서 좀 더 책임감을 가지고 행동해야겠다고 다짐하니까 기분이 좋아요. 서로 맞춰 가는 것이라고 생각해요."

"내가 도울 일이 있으면 언제든지 얘기해요."

"물론이죠, 론다. 아까 선발위원회 얘기해 준 것 고맙습니다. 요즘 좀 의기소침했었거든요. 저한테는 그런 격려가 필요한 것 같아요."

갑자기 들려오는 안내방송으로 대화가 중단되었다.

"론다 블록 간호사, 6층으로 연락해 주시기 바랍니다. 론다 블록 간호사…"

"후앙, 전 가 봐야겠어요. 호출이 있네요."

론다는 이렇게 말하고 자리에서 일어났다. 엘리베이터 앞에 길게 늘어선 줄을 보고 론다는 계단으로 6층까지 올라갔다. 6층 입구에서는 몇 명의 간호사들이 점심시간을 이용해서 환자들에게 노래를 불러 주고 있었다. 그들은 론다에게 함께 노래하자고 소매를 붙잡았고, 론다 역시 즐거운 마음으로 그들과 함께 노래를 불렀다.

물고기 따위는 모두 떼어 내라구요?

타카라 투에서 마고와 저녁을 먹은 지 몇 주가 훌쩍 지나갔다. 론다는 그동안 직원들과 일에 대한 대화를 계속했고, 직원에게 서로 대화를 하도록 부추겼다. 그녀가 왜 그러는지 아는 사람은 거의 없었지만 어쨌든 간호사들 사이의 일에 대한 진지한 대화는 어느 정도 효과가 있었고 열정과 에너지가 예전처럼 조금씩 살아나는 것처럼 보였다. 하지만 예상치 못한 장애물은 어디에나 있게 마련이었다.

"안녕하세요, 론다. 여기는 정말 총천연색이군요."

론다가 깜짝 놀라 돌아보니 병원장인 필*Phil*이 서 있었다. 그의 옆에는 키가 꽤 큰 중년 여성이 서 있었는데, 그녀는 유행이 한참 지난 하얀 간호사 모자에 손이라도 베일 것 같이 빳빳하게 풀을 먹인 하얀 간호사복을 입고 있었다.

"안녕하세요, 원장님."

"아, 이쪽은 메이블 스콜펠 *Mable Scallpell*이에요. 서로 인사하세요. 미스 스콜펠은 우리 병원 간호부 전체를 관리할 부회장으로 이번에 새로 오셨어요. 병원 본부에 계시다가 우리 병원으로 발령을 받으셨죠. 알다시피 간호부 전체 부회장 자리가 상당기간 공석이었잖아요. 이렇게 적임자가 오니 무척 기쁘네요."

"만나서 반갑습니다. 어떻게 부르는 것이 좋을까요?"

"괜찮으시다면 미스 스콜펠이라고 불러 주세요."

"자, 전 이만 가 봐야겠습니다. 계속 말씀들 나누세요."

필은 이렇게 말하며 급히 자리를 떠났다.

"원장님, 고맙습니다."

론다는 황급히 돌아가는 필의 등에 대고 말했다.

"미스 스콜펠, 전에는 어디서 일하셨나요?"

"저는 지난 15년 동안 연구부서에서 일했어요. 은퇴하기 전에 다시 간호부서로 오게 되어 정말 기뻐요. 본부에도 이 병원에 대한 좋은 평판이 자자해요."

"그런 말을 들으니 기분 좋은데요."

"하지만 이렇게 야단법석을 떨면 환자 간호에 좀 방해가 되지 않을까요?"

스콜펠의 말을 듣고 순간 론다는 긴장으로 표정이 굳어졌다.

"야, 야단법석이라고요?"

"이 휘황찬란한 포스터며, 명찰에 붙어 있는 조그만 플라스틱 물고기, 장난감, 벽에 붙어 있는 장식들 말이에요. 환자를 간호하는 데에 집중할 수 없게 만들어요."

"실제로 환자들은 우리의 이러한 노력을 고마워하고 있어요. 물고기 모양을 통해서 파이크 플레이스 어시장 이야기를 기억해 내죠."

"어시장이라구요?"

" 'FISH!철학'의 4가지 원칙으로 우리가 이렇게 변할 수 있었으니까요. 파이크 플레이스 어시장에서는 생선을 파는 상인들이 신나게 놀면서 그날 하루 자신의 태도를 결정해요. 그리고 일할 때는 진심으로 손님을 위해 그 자리에 있죠. 그리고 손님 개개인에게 그들의 날을 만들어 줍니다. 우리도 그걸 실천하고 있어요."

"장난감과 표어를 모두 떼어 내세요."

"네? 하지만…."

"이미 결정된 일이에요. 이건 내가 새로운 직무를 맡으면서 처음 내린 결정이고, 매우 중요한 사항이라고 생각해요. 6층 병동의 간호사들에게 앞으로는 다른 방식으로 일하게 될 거라고 전하세요. 좀 더 전문적인 간호 방식으로 돌아가게 될 겁니다."

"미스 스콜펠, 우리는…."

"명찰 위에 붙인 그 우스꽝스러운 물고기도 떼세요. 물고기 장난감도 치우고요. 여기가 무슨 시장 바닥도 아니고…. 이런 것들은 모두 전문적이지 못해요. 나처럼 진짜 간호사복을 입는 것은 어떨지도 고려해 보세요. 다른 질문 있나요?"

"저, 저는요…."

"론다, 당신은 6층 병동을 책임지는 수간호사가 된 지 얼마 안 됐죠? 현재의 직무에는 초보잖아요? 1년이 채 되지 않았죠, 아마?"

"그렇기는 합니다만…."

"이런 조치는 우리가 더 발전하기 위해서라는 걸 알게 될 거예요. 매주 주간 보고서를 작성해서 월요일 아침마다 내 사무실로 가져오세요. 그때 당신이 얼마나 향상되고 있는지 얘기해 봅시다."

지금 농담하세요?

"원장님을 만나고 싶은데요."

씩씩거리며 병원장실을 찾아간 론다가 비서에게 말했다.

"지금 통화 중이세요. 론다, 시간 약속을 하시고 나중에 다시 들러 주시겠어요? 원장님은 곧 회의가…."

"아뇨, 급한 일이에요. 지금 꼭 말씀드려야 해요. 여기서 기다릴게요, 고마워요."

"글쎄…, 언제 만날 수 있을지 확실치가…."

"아, 론다. 안녕하세요."

필이 매우 난처한 표정을 지으며 사무실에서 나와 론다에게 인사를 했다.

"잠깐 들어와요."

론다는 앉자마자 본론으로 들어갔다.

"원장님, 다 알고 계셨죠? 얼굴에 다 씌어 있어요. 미스 스콜펠은 정말 우리 병동을 꼼짝 못하게 하고 있어요. 그 빳빳하게 풀 먹인 하얀 간호사복은 너무나 딱딱해서 아마 서서 졸더라도 절대 넘어지지 않을 걸요? 미스 스콜펠 *Miss Scallpell*은 이름에서 'l'자 두 개를 빼면 딱 맞을 거예요(Scallpell에서 두 개의 l을 뺀 Scalpel은 외과용 메스를 뜻하는 단어이다 – 역주). 지금 농담하시는 거죠? 다른 때라면 몰라도 지금은 절대 안 돼요. 우린 지금 막 제 궤도를 다시 찾아 가려던 참인데, 저는…."

"론다, 알았어요. 진정하고 내 말을 들어 봐요. 당신의 노력을 나는 계속해서 지원할 겁니다. 6층 병동은 병원 전체의 분위기를 완전히 새롭게 만들었고, 덕분에 다른 병동 간호사들의 간호 서비스까지 혁신적으로 달라졌어요. 하지만 불행히도 나는 이 병원 하나를 운영하는 사람일 뿐이에요. 굿 사마리탄 병원 시스템 전체에 내 힘이 미치지는 않아요. 이번 인사는 굿 사마리탄 병원 시스템 상부에서 내려진 결정이에요. 무책임한 말이라고 생각하겠지만 내가 어떻게 할 수 있는 일이 아니에요."

"원장님…."

"그리고 미스 스콜펠은 충분히 그 자리를 맡을 자격이 있어요. 게다가 퇴직하기 전 마지막 기간을 간호부서에서 보내고 싶어 해요. 다만 연구부서에 오래 있었던 사람이라서, 아직 실제 병원 환경을 잘 모를 수는 있어요. 현실을 미처 파악하지 못해서 세련되지 못한 부분이 있을 수 있다는 얘기에요. 하지만 그녀는 분명히 훌륭한 간호사이고 대단한 관리자입니다."

"세련되지 못한 부분이라고요?! 미스 스콜펠은 재미있는 일은 아무것도 못하게 해요. 색깔이 현란하다는 등, 전문적이지 못하다는 둥…."

"론다, 쉽게 받아들일 수는 없겠지만 내 말을 좀 들어 봐요. 내가 알기로는 미스 스콜펠이 그렇게 꽉 막혀 있거나 이성적이지 못한 사람은 아니에요. 게다가 당신과 마찬가지로 그녀 역시 환자들에게 최상의 간호 서비스를 제공하고 싶어 해요."

"원장님, 사실 이번 인사가 당황스러운 이유는 그것뿐만이 아닙니다. 마들렌이 떠나고 제가 그 업무를 인계받은 후에 저희 병동 분위기가 약간씩 침체되기 시작했어요. 열정이나 에너지가 점점 사그라지면서 옛날 습관이나 낡은 업무방식이 슬슬 고개를 들고 있었어요. 그래서 우리는 이 문제에 대해 함께 고민하고 얘길 나누면서 조금씩 해결해 나가는 중이었고, 이제 막 가능성이 보이기 시작했어요. 그런데 보세요. 미스 스콜펠이 나타나서 찬물을 끼얹은 셈이잖아요! 그녀는 우리의 의지를 상기시켜 주거나 우리가 하는 일을 보여 주는 모든 것을 제거하라고 해요. 포스터며, 장난감, 물고기 배지까지 다요."

흥분한 론다를 보며 필은 어깨를 으쓱해 보였다.

"론다, 당신 자리에서 할 수 있는 일에 최선을 다하세요. 어찌됐든 미스 스콜펠은 앞으로 1년 반 동안 우리 병원 간호부 전체를 총괄하는 부회장으로 일할 예정이고, 그녀가 환자 간호와 직원들의 복지를 최우선으로 생각하고 일하는 한 나는 그녀를 최대한 도울 거예요. 그녀에게 협조해 주길 바랍니다. 무슨 말인지 아시겠어요?"

"네, 종소리처럼 분명하게 들었어요. 새벽에 서둘러 진행하는 사형집행 같은 건가요?"

"귀여운 농담이군요. 론다, 내가 충고 하나 할까요? 어쨌거나 나는 병원장이고 병원장으로서 우리 병원 간호부서 직원들이 이루어 놓은 훌륭한 일을 높이 평가하고 있어요."

"그것도 귀여운 농담이세요, 원장님. 그런데 충고란 게 무엇이죠?"

"미스 스콜펠을 누가 여기로 보냈는지 생각해요. 그리고 그녀의 입장에서 세상을 바라보도록 해 봐요. 그녀는 15년 동안이나 연구부서에서 보냈어요. 그런 사람에게 당신의 주장을 입증하고 싶다면 정확한 사실을 제시하고 실제적인 수치와 데이터로 누구나 수긍할 만한 결과를 보여 주도록 해요. 그렇게 그녀를 설득하고 당신 편으로 만드세요."

"하지만 원장님…."

"이런, 너무 늦었군. 회의가 다 끝나 버리기 전에 난 가 봐야겠어요. 당신이 이번 인사에 상당히 당황해 하고 있는 것 같아서 나도 한번 얘기를 해야겠다고 생각했어요. 나 또한 일부분 책임을 느끼고 있어요. 그리고 한 가지만 더 생각해 주세요. 병동의 변화된 분위기가 단순히 장난감이라든가 물고기 이름표, 포스터 같은 것에 전적으로 의지해야만 하는 것이라면, 그게 진정한 변화라고 할 수 있을까요? 우리 자신과 환자를 위한 의미 있고 지속적인 변화가 정말 이루어진 건가요? 그게 아니라면 우린 그냥 실내장식을 다시 했을 뿐이잖아요.

우리가 이루어 놓은 것을 지키려면

얼마 지나지 않아 미스 스콜펠의 새로운 관리체제가 어디에서나 논쟁의 화두가 되었다. 실제로 엘리베이터에서 한 의사는 론다를 지지한다고 말하고는 내릴 때 어깨너머로 이렇게 소리쳤다.

"론다, 당신이 이루어 놓은 것을 위해 싸워요. 6층 병동은 정말 일하기 좋은 장소이고 환자를 치료하기에 완벽한 곳이에요."

또 6층에 도착하자마자 간호사 한 명이 론다에게 이렇게 말하는 것이었다.

"론다, 우리는 저항할 거예요. 병원 측에서 우리에게 이렇게 할 수는 없어요. 우린 너무나 열심히 일해 왔다구요!"

사실 론다도 그렇게 느끼고 있었다. 혼자 조용히 생각해 볼 시간이 필요하다고 느낀 론다는 사무실로 들어가서 문을 걸어 잠갔다. 책상 위에 낯익은 쪽지가 눈에 띄었다. 타카라 투에 갔을 때 적어 두었던 것이었다.

> ······ 외부적인 에너지에 의존할 수 있는 것은 초기 단계뿐이다. ······ 처음에는 외부적인 에너지가 효과를 발휘할 수 있을지 몰라도 변화를 지속시키고 유지시키기 위해서는 구성원 각자의 내부에서 자연스럽게 나오는 자발적인 에너지로 대체해야 한다. ······

책상 위의 쪽지를 보며 론다는 이렇게 생각했다.

'무엇이 외부적인 에너지고 무엇이 내부적인 에너지라는 거야? 포스터는 벽에 걸려 있지만 포스터를 통해서 우리가 무엇을 하고 있는지 알 수 있었잖아. 이제는 포스터도 소용 없어진 걸까?

정말 포스터가 단지 배경의 일부분이 되어 버린 걸까? 우리가 물고기에 지나치게 익숙해져 버렸나?

미스 스콜펠의 말도 일리가 있어. 더 이상 '우스꽝스러운 모자의 날(특이하고 우스꽝스러운 모자를 쓰고 와서 즐겁게 노는 날 — 역주)'이나 이와 유사한 이벤트에만 의존해서는 안 될지도 몰라. 그런 것에서 벗어나야 할 시기가 된 것인지도 모르고. 하지만 직원들에게 그것을 어떻게 설명하지? 그런 행사를 없앤다고 해서 우리가 이루려는 일까지 후퇴하는 건 아닌데…. 그것을 어떻게 이해시킬 수 있을까?

열띤 회의, 위기는 기회다!

론다는 좀 더 긍정적인 시각을 가지고 문제에 접근하기로 결심했다. 그리고 우선 소그룹 회의를 몇 차례 갖기로 했다.

첫 번째 회의에서는 새로 온 상관 미스 스콜펠의 희망사항을 간단하게 설명하고 자신이 시작했던 '동료들과 대화하기'를 계속해 달라고 덧붙였다.

"우리가 일에 대해서 대화하기 시작한 것에 나는 매우 고무되어 있어요." 하고 론다가 말을 꺼냈다.

"미스 스콜펠은 어떻게 하죠?"

첼시*Chelsie*가 물었다. 그 자리에 있던 사람들 모두가 내내 마음속에 담아 두고 차마 입 밖으로 꺼내지 못했던 질문이었다.

"우리의 대화에 대해서 미스 스콜펠이 어떻게 생각할까요?"

첼시의 거듭된 질문에 론다는 이렇게 대답했다.

"미스 스콜펠에게도 도움이 되는 일이에요."

"아니요, 론다. 내 말은…, 미스 스콜펠이 우리를 막지는 않을까요? 그 빳빳한 간호사복은 생각만 해도 숨이 막힌다구요."

"첼시, 성급하게 결론을 내리지는 말자구요. 그럴 문제가 아니에요. 그리고 이 자리에 없는 사람에 대해서 이러쿵저러쿵 하는 얘기는 그만둡시다. 그건 나뿐만 아니라 여기 모인 우리 모두가 6층에서는 절대 하지 말자고 약속했던 것이잖아요. 부정적인 분위기만 만들 뿐이에요. 문제가 생기면 미스 스콜펠에게 직접 문제를 제기할 생각이에요. 우리가 서로에게 그렇듯이 미스 스콜펠에게도 모두 친절하게 대해 주었으면 좋겠어요."

론다의 이야기에 직원들은 모두 고개를 끄떡였다.

"우리가 지금 하고 있는 일은 환자뿐만 아니라 우리에게도 좋은 일이에요. 처음 이런 변화를 도입했을 때부터 우리는 모든 과정을 함께 했잖아요. 우리가 6층 병동의 분위기를 좀 더 인간적이면서도 신나게 만든 것 말이에요. 게다가 우리가 시작한 일이 병원 전체로 퍼져 나가는 것도 목격했구요. 환자를 위해 헌신한다는 점에서는 우리나 미스 스콜펠이나 마찬가지예요."

두 번째 소그룹 회의에서도 첫 질문은 역시 미스 스콜펠에 관한 것이었다. 핑이 할 말이 있다면서 손을 들었다.

'도대체 핑이 지금 무얼 하려는 거지? 난 지금 핑의 도움이 필요한데.'라고 생각하며 론다는 말했다.

"예, 말해 보세요, 핑."

"론다, 미스 스콜펠이 제기한 문제에 대해서도 생각해 봤고, 우리가 이곳에 쏟은 노력에 대해서도 생각해 봤어요. 론다가 시작한 '동료들과 대화하기'를 계기로, 우리가 이루어 놓은 훌륭한 직장문화를 흐지부지 없애버리고 다시 옛날로 돌아간다면 얼마나 끔찍할 것인지 다시 한번 생각하게 되었어요."

'또 그 얘기이군. 핑은 나더러 총천연색 포스터와 물고기를 다시 붙일 수 있도록 스콜펠에 맞서 싸우자고 하려는 건가?'

론다는 내심 걱정하고 있었다. 핑의 이야기는 계속되었다.

"직장문화와 환자 간호를 향상시키는데 우리 모두 공헌을 했어요. 그러나 지금은 많은 부분이 위기에 처해 있어요. 분위기도 많이 침체되어 있구요. 그래서 미스 스콜펠의 반응이 오히려 이런 위기에서 벗어날 기회가 되지 않을까 하는 생각이 드네요."

"핑, 기회라고 했어요?"

직원들은 못 믿겠다는 듯 웅성거렸다. 하지만 론다는 속으로 안도하며 이렇게 생각했다.

'아, 잘하고 있어요. 핑, 계속해요.'

"예, 어쨌거나 우리는 이제까지 외부적인 것에 너무 많이 의존해 왔는지 몰라요. 우리 층에는 오락위원회가 있고, 명찰에는 플라스틱 물고기가 달려 있어요. 하와이 해변이 그려진 야자수 셔츠를 입고 오는 날도 있고, 주제를 정해서 같이 식사를 하는 날도 만들었어요. 심지어는 회의를 할 때 물고기 모양 사탕과 과자를 나눠주기도 하잖아요. 비록 퍽퍽하고 맛없는 과자이기는 하지만요. 저는 지금 재미있는 것을 모두 포기해야 한다고 말하려는 게 아니에요. 하지만 우리가 지금 하고 있는 일만 가지고는 초기에 얻었던 효과를 더 이상 기대할 수 없다는 거죠.

우리는 앞으로도 계속 멋지고 색다른 일을 하면서 우리의 하루하루를 재미있게 만들고 환자들을 기쁘게 해 주어야 한다고 생각해요. 하지만 지금은 그 이상의 무언가가 필요한 시점이라는 사실이 분명히 드러나고 있습니다."

옆에 있던 베스가 펑의 말을 거들었다.

"저도 같은 생각을 하고 있었어요. 외부적인 것에 의존해서 거기에 도취해 있으면 위험해요. 지금 우리의 모습만 보더라도 그렇잖아요? 외부적인 것은 새로 온 상관이 변덕을 부리면 순식간에 사라질 수 있어요. 살다 보면 생각지도 못한 걸림돌을 만나기도 하구요. 계속해서 발전하려면 에너지의 방향을 바꿔야 해요. 외부의 에너지를 받아들이기만 하는 게 아니라 에너지의 근원 자체를 우리 내부로 옮겨야 한다는 뜻이죠. 그렇게 되면 더욱 투철

한 서비스 정신으로 즐겁고 신나는 직장을 만들어 갈 수 있을 것 같아요. 각자가 가진 책임감을 더욱 크게 느낄 테니까요.

그렇게 된다면 결과적으로 어떤 장애물에 부딪히더라도 당황하지 않고 좀 더 유연하게 대처할 수 있을 거예요. 아무런 경고 없이 일어나는 황당한 일도 흔들리지 않고 잘 극복할 수 있을 테구요. 한마디로 우리 스스로 강력한 면역력을 갖게 되는 거죠.”

“그 말이 맞아요.” 핑이 베스의 말에 동의했다.

“우리가 이제까지 해 온 모든 일의 목적은 6층 병동의 환자와 직원들에게 특별한 경험을 만들어 주는 것이었고 노력한 만큼 성과도 거두었어요. 하지만 다양한 이벤트라든지 물고기 장식품 같은 외부적인 것들은 목적을 이루기 위한 수단이지 목적 그 자체는 아니에요.”

열띤 토론이 계속되는 것을 지켜보며 론다는 무척 기뻐하며 속으로 이렇게 생각했다.

‘이 소동을 어떻게 진정시킬까. 내가 우리 간호사들을 너무 과소평가했었나 봐.’

론다가 타카라 투에서 마고와 이쉬로부터 배운 중요한 교훈을 부하직원 두 명이 잘 요약해 준 것이었다. 론다는 그들이 이러한 지혜를 예전부터 가지고 있었는지, 아니면 동료들과 대화를 하다가 저절로 생겨났는지는 모르겠지만 어느 쪽이든 그들이 그런 지혜를 가지고 있다는 것이 중요하다고 생각했다.

조용히 얘기를 듣고 있던 후앙이 입을 열었다.

"명찰에 붙인 플라스틱 물고기를 옷깃 아래에 넣어서 보이지 않게 하면 어떨까요? 플라스틱 물고기는 활기 찬 직장을 만들어 가기 위해 헌신하는 우리의 의지를 나타내면서 동시에 개인들에게는 책임감을 깨닫게 해 주거든요. 물고기가 우리 안으로 들어가는 거죠."

후앙의 의견에 대해서 플라스틱 물고기를 옷깃 속에 넣는 것이 외부적인지 내부적인지에 대한 토론이 짧게 오고갔다. 펑이 그 주제에 대해서 자신의 의견을 말했다.

"플라스틱 물고기를 옷깃 속에 감추거나 스티커를 감추는 것은 괜찮은 생각이에요. 물고기나 스티커를 통해서 우리가 무엇을 이루려는지 항상 생각하게 하고 그것을 잃어버렸을 때 어떤 위험에 처하게 될지 기억해 낼 수 있다면 말이에요. 환자와 환자 가족들에게 우리의 물고기를 살짝 보여 주고 간호에 임하는 우리의 진지한 태도를 알려 주어야 해요.

하지만 더욱 중요한 것은 우리가 하고 있는 것을 더 많은 사람들에게 알리고, 이런 대화를 더 많이 할 수 있도록 유도하는 것이라고 생각합니다. 물고기나 스티커의 목적도 바로 그런 것이 아니었나요? 환자와 환자 가족들이 플라스틱 물고기나 스티커가 무엇을 뜻하는 지 물어보면 그때 우리는 우리가 어떤 일을 하고 있는지 우리 자신의 말로 풀어서 설명하는 것 말이에요. 그러면 그런 이야기를 전파할 때마다 우리 스스로 정말 중요한 것이 무엇인지 다시 한번 분명히 하게 되고 각오를 더욱 굳게 다지게 될 거예요. 제 말이 여러분에게 제대로 전달되고 있나요?"

직원들은 열렬한 반응으로 동의를 표했고, 론다는 그 자리에서 이런 결정을 내렸다.

"여러분 모두 너무나 멋져요. 이제까지 저 역시 여러분과 이런 문제에 대해서 전반적으로 대화를 나누기는 했지만, 제가 하고자 하는 일을 전부 설명하지는 못했었어요. 모두 우리가 일하는 방식을 지금처럼 계속 유지시켜 나가기를 원하고 있는 것 같군요. 그렇다면 생선초밥 주방장에게서 배운 내용과 앞으로 배우고자 하는 내용을 여러분께 이야기해 드릴게요."

론다가 '생선초밥 주방장'이라고 말했을 때 사람들은 다소 황당하다는 표정으로 론다를 바라보았다. 론다는 개의치 않고 말을 이었다.

"업무는 계속 수행해야 하니까 전 직원이 직접 참여하기는 어려울 것 같군요. 그래서 말인데요. 각 교대 조와 각 윙을 대표하는 자원자로 특별 기동대를 결성하는 것이 어떨까요?"

특별 기동대가 결성되다

핑과 베스, 채드Chad 외에 몇 명의 자원자들로 특별 기동대가 결성되었고, 그들은 이틀 후 3시 30분에 휴게실에서 첫 번째 모임을 가졌다.

"각자 할 일도 많을 텐데 이번 일에 자원해 주어서 정말 고마워요. 오후근무조인 사람들과 늦게까지 남아 있을 사람들을 위해서 한 시간 동안 시간 외로 근무할 직원을 정해 놓았고, 야간근무조 자원자 대신 근무할 직원도 정해 놓았어요. 풍족하지는 않지만 식당에서 커피 정도는 마실 수 있는 경비도 있구요."

론다는 계속 말을 이었다.

"내 친구가 뉴욕 시내에서 타카라 투라는 생선초밥 음식점을 운영하는 이쉬라는 분을 소개시켜 주었어요. 우리가 여기에서 일에 대해 나누었던 대화는 모두 그녀의 아이디어에요. 그녀는 음식점이 쉬는 날 시간을 내서 우리를 만나 주겠다고 했어요. 타카라 투에 가 본 사람이 있는지 모르겠는데, 그 음식점엘 가 보면 한겨울이든 한여름이든 매일같이 길게 줄을 서고 있는 뉴욕 사람들을 볼 수 있답니다. 이쉬와 타카라 투의 직원들은 고객들을 위해서 독특한 경험을 만들고 있어요. 이쉬는 우리에게 그들만의 특별한 방법을 몇 가지 알려 줄 거예요."

"이쉬에 대해서 더 자세히 얘기해 주세요." 핑이 말했다.

"사실 그녀의 이력은 간단해요. 그녀의 가족은 1950년에 시애틀에서 '타카라'라는 일식집 문을 열었어요. 항상 모든 것을 손님들의 취향에 맞추어 결정했기 때문에 손님이 끊이질 않았답니다. 사람들의 취향이 바뀌면 타이밍을 놓치지 않고 훌륭히 적응했죠. 우리가 얘기할 타카라 투라는 음식점은 이쉬가 타카라에서 나와 독립해서 개업한 곳으로, 문 밖에는 늘 거기에 들어가려는 손님들의 줄이 길게 늘어 서 있어요. 4년 동안 매일 말이에요. 타카라 투의 공동 경영자이며 뉴욕 최고의 생선초밥 주방장인 이쉬로부터 우리의 비전을 지속시키는 방법에 대해 배울 점이 많다고 생각해요."

"론다!"

"저스틴 *Justin*, 말씀하세요."

"거긴 음식점이고, 여긴 병원이지 않습니까?"

"맞습니다. 그 점에 대해서도 많이 생각해 보았어요. 하지만 우리가 6층에서 일하는 방식을 바꿀 수 있었던 아이디어를 어디에서 얻었는지 생각해 보자구요. 파이크 플레이스 어시장의 상인들에게서 얻지 않았나요? 그래서 우리가 이 모든 물고기 모양 장식품을 가지고 있는 거죠. 그렇다고 우리가 생선장수가 되겠다는 것은 아니었잖아요? 우리는 단지 어시장의 상인들이 즐겁게 일하는 모습에 영감을 얻었고 그들이 일하는 원칙을 우리의 일에 적용한 것입니다. 예상하지 못했던 곳에서 꼭 필요한 지혜를 얻기도 하잖아요.

그건 그렇고 어시장 상인들에게 배운 아이디어를 우리가 직접 실행하는 동안 그 경과에 대해서는 체계적으로 정리해 본 적이 없는 것 같네요."

헤더*Heather*가 재빨리 말을 받았다.

"저는 지금 뉴욕대학에서 경영학 석사과정을 밟고 있는데요, 1년 동안 진행하는 연구 프로젝트를 하고 있어요. 마침 저희 팀은 우리 병동에서 어떤 변화가 나타났는지를 연구하기로 했습니다. 설문자료를 만들고 환자와 직원을 인터뷰하고, 신규직원 채용비율을 수집하거나 직원들의 근무연한을 포함한 병원자료를 분석하는 일도 정기적으로 해 왔어요. 사실 지금은 두 번째 설문조사 자료를 모으고 있는 중입니다."

"정말이에요? 난 인터뷰한 기억이 없는데…, 설문지를 본 적도 없고…. 나도 정말 늙어가나 보네요."

"론다, 그 조사는 무작위로 선정된 사람들을 대상으로 했기 때문에 당신은 참가하지 않았어요."

"아, 그렇군요. 그 말을 들으니 좀 낫네요. 그나저나 결과는 어땠나요?"

"보고서의 초안은 어느 정도 완성되었어요. 한 부씩 드릴게요."

"결과가 무척 궁금하군요."

"저희 교수님이 결과를 보시고는 이 조사의 결과가 상당히 의미심장하다고 말씀해 주셨어요."

"좋은 의미에요, 나쁜 의미에요?"

"좋은 의미에서 의미심장하다구요."

"그렇다면 미스 스콜펠에게 제출할 만한 유용한 정보가 될 수 있을 것 같네요. 자, 이제 구체적인 계획을 세웁시다."

토론 시간이 끝날 즈음, 각 팀의 대표를 비롯한 몇몇 사람들이 타카라 투를 방문할 날짜를 정하고 모두들 자리를 정리했다.

타카라 투에서 배운 세 가지 성공의 열쇠

드디어 굿 사마리탄의 특별 기동대와 이쉬, 이쉬의 남편인 히로, 그리고 타카라 투의 직원 한 사람이 타카라 투에 모였다. 론다는 그 자리에 참석한 타카라 투의 직원이 다이어트 닥터 페퍼 사건의 주인공 타코라는 것을 한눈에 알아챘다. 우선 서로 소개를 하고 자리에 앉았다. 이쉬가 모두에게 줄 생선초밥을 가져왔다. 채드는 초밥을 하나 먹어 보더니 너무나 황홀한 표정으로 감탄사를 연발했다. 흐뭇한 표정으로 이쉬가 입을 열었다.

"이것은 우리 타카라 투의 대표 메뉴인 '온 가족 특선 초밥'입니다. 채드, 이것도 좀 드셔 보세요. 1950년에 저희 할아버지와 할머니께서 고모할머니 두 분과 함께 음식점을 열었습니다. 모두들 워낙 유쾌하시고 마음 씀씀이가 후하신 분들이라 자연히 음식점도 그런 성격을 닮아가게 되더라구요. 처음에는 가족끼리 운영해도 충분했지만, 사업이 점점 커지자 일손이 부족해져서 새로운 직원을 고용해야 했어요. 게다가 저희 조부모님께서 은퇴를 하실 연세가 되셨죠. 그래서 저희 부모님은 잘 되고 있던 타카라를 어떻게 계속 유지해 나가야 할까 고민에 빠졌답니다. 일종의 도전이었죠. 조부모님의 은퇴와 함께 타카라의 명성도 사라져 버리게 할 수는 없었으니까요.

그때 저희 아버님은 의사였는데 늘 병원에서 일을 하셔야 했기 때문에 그 대책을 궁리하는 것은 저희 어머니의 몫이었습니다. 어머니는 아주 깊이 고민하셨어요. 산책을 하시면서도 고민을 하시곤 했고, 이곳저곳을 다니시며 잘 되고 있는 가게를 발견하면 서슴지 않고 거기에 들어가서 주인에게 이런저런 질문을 하기도 하셨습니다. 그렇게 오랫동안 고민하고 수없이 많은 시행착오를 겪으면서 타카라의 비전을 새롭게 하기 위한 비결을 찾아내셨어요.”

조직의 비전 속에 살아 숨 쉬는 개인의 비전 IT를 찾자

계속해서 이쉬는 타카라 이야기를 했다. 모두들 굉장히 진지한 표정으로 듣고 있었다.

"그런 과정 속에서 저희 어머니가 한 가지 깨달은 점이 있다면, '튼튼하고 건강한 조직에는 예외 없이 높은 수준의 의무감이 존재한다'는 사실이었어요. 어머니는 당신이 이루고자 하는 목적에 대해 직원들과 대화를 나누기 시작했고, 의무에 대한 대화를 하는 과정에서 혹은 대화를 하고 난 후에 직원의 열정과 에너지가 한층 증가한다는 사실을 발견했습니다. 의무감에 대해 이야기 하면 그의 의무감이 강화되고 명확해진다는 사실을 배운 거죠. 그렇다면 여기 모인 우리들도 각자 어떤 의무를 가졌는지 이야기해볼까요?"

이쉬는 모두를 둘러보며 제안했다. 그러고 나서 채드를 바라보며 이렇게 이야기했다.

"채드, 당신은 어떤 의무를 가졌나요? 생선초밥을 특별히 좋아하시는 것 같아 보여요."

"제가 너무 많이 먹고 있나요?"

"아, 아니오. 걱정하지 말고 많이 드세요. 얼마든지 만들어 드릴 테니까요. 채드, 당신은 어떤 의무를 가졌나요?"

"음, 물론 굿 사마리탄 병원의 비전과 사명을 이루는 것이지요."

"그게 무슨 뜻이죠?"

"왜 있잖아요. 카드에 씌어진 문구요. 정확히 기억할 수는 없지만 그것이 무슨 뜻인지는 알고 있어요."

"좋아요. 카드에 적힌 문구는 그것을 보는 다양한 부류의 사람들 모두에게 알리기 위해 씌어진 것이잖아요. 당신 자신의 말로 설명해 주시겠어요?"

"네? 제 자신의 말이요? 그게 무슨 말인지…."

"그러니까, 쉽게 생각해서 그 모호하고 광범위한 말로 되어 있는 병원의 비전을 당신 자신의 업무와 직장생활에 맞추어 해석해 본 적이 있느냐는 거예요."

"음, 글쎄요. 저는 수준 높은 환자 간호라는 우리의 목적을 달성하는 데에 중요한 역할을 하고 싶습니다. 기계적으로 환자를 대한다거나, 거리를 두고 거만하게 환자를 돌봐서는 안 되죠. 최대한 사려 깊고 쾌활하면서도 다정다감하게, 그리고 환자가 안정감을 느낄 수 있도록 지혜롭게 대하려고 노력합니다."

"좋은 말씀이에요, 채드. 굿 사마리탄 병원의 비전을 정확히 외우지 못하더라도 그 비전을 잘 이해하고 있는 것 같군요. 그리고 그 비전 속에서 당신의 자리를 제대로 찾은 것 같아요."

"예, 저도 그런 것 같아요."

"누구 또 없어요?"

이쉬가 양념구이 참치를 얹은 초밥을 만들면서 물었다.

"저는 동료들을 돕는 데 최선을 다할 생각이에요."

케이티 *Kathy*가 말했다.

"저도 직장 분위기가 좋아질 수 있도록 노력할 겁니다."

입 안 가득히 초밥을 우물거리면서 저스틴이 얘기했다.

잠시 후 타코가 말을 꺼냈다.

"우리 식당에서 일어나는 일을 저의 관점에서 얘기해 보겠습니다. 여러분들에게 도움이 될지도 모르니까요. 타카라 투의 직원들은 각자 다른 임무를 맡고 있지만 서로의 업무에 대해서 자주 의논합니다. 일을 더 잘하려고 서로 상의도 하구요. 물론 다른 직장에서도 다 그럴 거예요. 하지만 다른 직장과 타카라 투의 차이점은 대화를 통해 개개인의 경험을 공유한다는 겁니다. 우리는 더 나은 타카라 투를 만들기 위해 각자 노력할 뿐만 아니라, 그런 노력의 하나로 개개인이 얻은 실패와 성공의 경험을 서로 숨김없이 털어놓고 함께 공유해요.

우리는 타카라 투에서 일을 하는 동안 우리 자신이 어떤 사람이 되어 가는지를 생각합니다. 저는 웨이터로서 손님들이 편안히 식사하실 수 있도록 시중을 들고 이쉬와 히로는 정성이 가득 담긴 맛있는 생선초밥을 만듭니다. 다른 직원도 각자 자신의 업무를 하고 있죠. 각자가 맡은 임무는 서로 다르지만, 조각그림퍼즐의 한 조각 한 조각처럼 직원 모두가 함께 참여해서 손님을 위한 특별한 경험을 만들어 가는 겁니다. 매일매일 놀라운 경험을 만들어서 손님이 우리 식당을 계속 찾을 수 있도록 하는 방법에 대해 대화를 나눕니다."

이쉬가 고개를 끄덕인 후 타코의 말을 이었다.

"비전을 유지하기 위해서는 자주 그런 대화를 나누어야 해요. 몇

주 전에 저는 론다에게 굿 사마리탄 병원에 돌아가서 일에 관한 진지한 대화를 시작해 보라고 권했습니다. 여러분이 이미 긍정적인 방향으로 함께 이야기를 하기 시작했고, 모두가 느끼는 에너지 수위도 높아졌다고 들었습니다. 새삼스러운 일이 아니에요. 저희 어머니는 30년 전에 이미 터득하셨던 방법이니까요."

이쉬가 계속해서 이야기했다.

"여러분의 결심을 실천하려면 조직의 비전과 여러분의 특별한 관계를 찾고, 그 관계에 대해 서로 대화를 해야 합니다. 비전을 언제나 싱싱하게 유지하려면 그 비전 안에 있는 여러분의 IT를 찾아내세요. 대부분의 사람들이 가지고 있는 그저 그런 형식적인 비전이 아니라 여러분 자신만을 위한 특별한 IT를 찾아야 한다는 이야기입니다. 그러기 위해서는 여러분이 시작한 비전에 대한 대화가 큰 도움이 될 겁니다."

이쉬는 잠시 말을 멈추었고, 사람들은 모두 진지한 표정으로 고개를 끄덕이고 있었다. 잠시 후 이쉬는 이렇게 제안했다.

"하고자 하는 일에 대한 상의도 하고 또 여러분의 IT에 대한 아이디어를 교환할 수 있는 정기적인 모임을 갖는 게 어떨까요? 시애틀의 타카라를 운영하고 있는 제 동생은 정기적인 모임을 가지고 직원들과 자주 대화를 나눕니다. 우리도 매주 여기에서 그런 모임을 갖고 있죠. 수시로 이런 대화를 나누기는 어려우니까 시간을 확실하게 정하는 게 좋겠네요."

IT를 찾자

어떤 비전이라도 가장 기본적인 구성요소는

구성원 각자의 IT이다.

IT는 공동의 비전을 달성하기 위한 개인의 몫이다.

조직의 비전을 유지하는 데 필요한 에너지는

구성원들의 대화를 통해서 각자 자신의 IT를

발견하고자 할 때 생겨난다.

🐟 '비전의 순간'을 놓치지 말고 IT를 실천하자

이쉬가 계속해서 이야기했다.

"IT를 찾는 건 시작에 불과해요. 찾는 것만으로는 부족하죠. IT를 실제로 실천해야만 비전을 지탱할 수 있는 힘이 생깁니다."

"IT를 실천한다고요?" 멜로리 *Mellory* 가 물었다.

"그래요. 번창하는 회사들의 경우를 보세요. 비전을 꼭 이루겠다고 결심하면 자연히 창의성이 생깁니다. 무언가 큰 목표를 달성하려고 집중하고 있으면 기회를 잡게 되요. 여느 때 같으면 그냥 놓쳐 버렸을지도 모르는 기회를 알아보게 됩니다. 마음만 먹으면 여러분에게도 그런 기회가 올 거예요. 지금은 이해가 잘 안 되겠지만 곧 알게 될 겁니다.

우리는 타카라 투의 비전을 이루는 데 최선을 다하고 있고 또 매일 그 비전을 새롭게 만들어 가고 있습니다. 생선초밥을 파는 일만 하는 게 아니라 이곳을 찾는 모든 손님에게 친절하고 다정한 종업원이 되고 동료들에게도 도움을 주려고 노력하는 거죠."

핑이 잘 이해가 되지 않는 듯한 표정으로 물었다.

"여느 때 같으면 놓쳤을지 모르는 기회를 알아보게 된다는 것이 무슨 뜻이죠? 잘 모르겠어요."

"비전을 실행할 수 있는 기회 말이에요."

이쉬는 론다를 바라보며 말을 이었다.

"론다, 마고하고 여기에 처음 왔을 때 있었던 일을 다른 분들에게 얘기해 주겠어요? '비전을 실천할 수 있는 기회'를 이해하는데 도움이 될 것 같은데요."

론다가 양손의 엄지와 검지로 동그라미를 만들어 안경처럼 두 눈에 대면서 사람들에게 이야기하기 시작했다.

"여기에 처음 온 날 제 친구 마고가 돋보기안경을 회사에 두고 왔다고 하더라구요. 식당입구에서 줄 서 있을 때 메뉴를 받았는데 메뉴에 쓰인 작은 글씨를 볼 수 없었던 마고는 매니저에게 메뉴를 그냥 돌려주었어요. 그런데 정말 거짓말 보태지 않고 몇 초도 안 되서 그 매니저가 다시 달려오는 거예요. 그는 낮은 도수부터 높은 도수까지 도수가 다른 여러 종류의 돋보기안경이 가지런히 놓인 은쟁반을 들고 나타났어요. 정말이지 감탄사가 절로 나왔습니다."

이쉬가 론다의 말을 이어 받았다.

"우리는 매일 수많은 비전의 순간을 만납니다. 타카라의 비전을 더욱 보강하거나 창조적으로 확대할 수 있는 기회도 많이 경험해요. 이런 기회를 놓치지 않고 잘 활용해서 실천할수록 타카라투가 손님들에게 제공하는 경험은 더욱 싱싱해질 겁니다."

"두 아이를 키우면서 제가 경험했던 몇 가지 사건도 좋은 예가 될 수 있을 것 같아요." 론다가 말했다.

"저는 제 아이들을 어휘력이 풍부하고 언어감각이 좋은 아이들로 키우고 싶었습니다. 그래서 모르는 단어를 볼 때마다 설레는 마음으로 아이들과 그 뜻을 알아맞히려고 애썼지요. 그랬더니 저희 아이들은 이제 제가 없을 때도 자기들끼리 그렇게 한답니다. 어렸을 때 학습장애가 있었던 의붓딸 앤은 이제 학습장애는 커녕 누구보다 탁월한 언어능력을 가지게 되었습니다. 어휘력이 풍부한 아이가 되는 것이 비전이라면, 모르는 낱말이 나올 때마다 그것을 알아내는 것은 '비전의 순간'이 되는 거죠. 마치 보물찾기를 하는 것처럼 말이에요."

"정말 좋은 예로군요. 론다는 아이들을 지적인 사람으로 키우기로 결심했고, 그 결심으로 아이들이 새로운 낱말을 사랑하게 만들었어요. 모르는 단어가 눈에 띄면 그것이 기회라고 생각하고, 그 낱말의 뜻을 알아내는 과정을 마치 보물찾기를 하는 것처럼 신나게 만들었던 겁니다. 좋은 예에요. 그런 예도 좋지만, 간호 업무를 하면서 겪은 일 중에는 좋은 예가 없을까요?"

수줍음이 많고 조용한 헤더가 머뭇거리며 입을 열었다.

"어제 후앙이 저를 정말 감동시켰어요. 심각한 뇌졸중으로 중환자실에 계셨던 어떤 할아버지 환자가 있었는데요, 어제 중환자실에서 6층 일반병실로 옮겨 오셨거든요. 그 할아버지의 부인은 당신도 지팡이가 없으면 거동을 못하실 정도로 몸이 불편하셨는

데, 남편 곁에서 밤을 새우겠다고 고집을 부리시는 거예요. 말이 쉽지 그 연세에 병실에서, 그것도 불편한 보조침대에서 밤을 새 우신다는 게 어디 쉬운 일인가요?"

헤더의 이야기가 계속되었다.

"후앙이 옆에 앉더니 그 노부인의 손을 꼭 잡더라구요. 그리고는 '할아버지는 여기에서 일하는 모든 직원을 새 가족으로 맞으신 거예요. 우리는 모두 할아버지를 가족처럼 잘 보살펴 드릴 겁니 다.'라고 말한 뒤, 셔츠의 옷깃을 살며시 젖히며 옷깃 아래에 있 던 플라스틱 물고기를 보여 드렸어요. 그리고 덧붙이기를 '우리 직원 전부가 이 물고기 장식을 달고 다녀요. 환자 한 분 한 분이 우리 병원의 귀중한 가족이라는 사실을 기억하기 위해서죠. 우 리에게 할아버지는 가족이나 마찬가지세요. 그러니까 너무 걱정 하지 않으셔도 되요.'라고 이야기했답니다."

"그래서 어떻게 되었어요?" 론다가 물었다.

"그 노부인은 안심하고 집으로 돌아가셨어요. 그분의 자녀들도 한시름 놓았죠. 노부인의 마음을 편안하게 해 드리려고 애쓴 후 앙 덕분에 동료 간호사들도 수고를 덜 수 있었어요. 후앙이 아니 었다면 야간근무를 하는 직원들은 거동이 불편한 할머니까지 걱 정해야 했을 테니까요. 저는 그때 후앙이 '비전의 순간'에 우리 의 비전을 실천했다고 생각해요."

"바로 그겁니다." 이쉬가 말했다.

"비전을 실천할 만한 기회를 놓치지 말아야 매일 새롭게 비전을 만들어 갈 수 있습니다. 굿 사마리탄 병원의 운명은 여러분에게 달려 있습니다. 여러분이 곧 굿 사마리탄이에요. 그러니까 비전의 순간에 주저하지 말고 IT를 실천하세요."

이쉬가 또 다른 종류의 생선초밥을 만들면서 계속 이야기했다.
"하지만 IT를 찾고 IT를 실천하는 것이 전부는 아닙니다. 둘 다 중요하긴 해도 그것만으로는 비전을 오랫동안 유지할 수 없어요. 금세 힘을 잃고 약해져 버리죠. 아주 중요하고도 어려운 것이 한 가지 남아 있답니다."
"뭐든지 말씀만 하세요."
저스틴이 초밥을 입에 넣으며 호들갑스럽게 말했다. 저스틴을 보고 살짝 미소를 짓던 이쉬는 왠지 하고 싶은 말을 주저하는 눈치였다.

IT를 실천하자

IT를 알고 나면

IT를 실천할 기회가 더욱 분명히 보인다.

그런 기회를 '비전의 순간'이라고 한다.

비전의 순간을 놓치지 말고 IT를 실천해야

비전을 유지시킬 수 있는

에너지를 얻을 수 있다.

🎏 우리를 하나로 만드는 접착제, IT를 코칭하자

"타카라 투에서는 꽤 성공적으로 비전을 이루어 가고 있습니다. 하지만 우리는 인간이기 때문에 실수를 할 때도 있고 가끔은 중심을 잃을 때도 있습니다. 그렇기 때문에 이 마지막 요소가 반드시 필요하다는 겁니다. 타카라 투에서는 비전의 중심을 잃지 않도록 서로 도와주는 것을 '코칭 *Coaching*'한다라고 말합니다. 선수 각자가 가진 실력을 최대한 발휘할 수 있도록 도와주는 일이 코치의 임무잖아요! 거기에서 따온 거죠. 상대방의 행동에 대해 서로서로 피드백(Feed back, 상대방의 생각이나 느낌, 그리고 실제로 특정한 일을 추진한 결과에 대해서 일정한 메세지를 제시하는 일 - 역주)을 해 주는 거예요."

"우리 가게에서는 누구나 다 코치가 될 수 있어요. 모두가 코치이고 모두가 선수죠. 누가 더 오래 근무했는지, 혹은 누가 윗사람인지는 전혀 중요하지 않습니다. 저도 매일 코칭을 하고, 코칭을 받고 있어요."

타코가 몸을 앞으로 내밀며 계속 말했다.

"저는 여기에서 일을 시작한 지 두 달 정도 되었습니다. 면접할 때 이쉬에게 코칭에 대한 얘기를 들었지만 솔직히 반신반의했어요. 그때는 그냥 일자리를 구한 게 좋아서 크게 신경 쓰지 않았습니다. 하지만 무척 궁금했던 것이 사실이에요.

그러던 어느 날 이쉬가 시장에서 참치를 사 왔는데 색깔이 약간 이상하더라구요. 전에 그런 경우를 본 적이 있었는데, 색깔이 변한 참치는 자칫 싱싱하지 않을 수도 있거든요. 이쉬에게 그 얘길 했더니 이쉬가 내 눈을 똑바로 쳐다보면서 이러더군요. '이것 보세요, 타코. 나는 싱싱하지 않은 생선은 손님에게 절대 내놓지 않아요.' 그녀답지 않게 가시 돋친 말투로 날카롭게 반응하는 겁니다. 그 말을 듣고 저는 어디서 그런 용기가 났는지 모르겠지만, 아무튼 그 자리에서 이쉬에게 따졌어요. '사장님의 그런 감정적인 반응은 면접할 때 말씀하셨던 것과 좀 다르네요. 서로 코칭한다는 게 이런 거였나요?'라고 말이죠. 그 말을 하면서도 속으로는 '이거 오늘 당장 해고당하겠구나.' 하고 생각했죠.

하지만 제 생각과는 달리 이쉬는 제 말을 듣자마자 굳어진 얼굴을 바꾸고 오히려 부끄러운 듯이 얼굴을 붉히면서 제 말이 옳다고 인정하더군요. 자신의 쌀쌀맞은 말투가 나빴다고 사과도 했구요. 서로 조금 진정이 된 후에 저는 싱싱하지 않은 생선이 변색되는 경우를 본 적이 있다고 차분하게 얘기했어요. 생선이 운반되는 도중에 소금이 얼음에 묻으면 그런 현상이 생긴다고 설명했습니다. 이쉬는 제 얘길 끝까지 차분하게 들어 주었어요."

자신의 발을 내려다보면서 타코가 덧붙였다.

"서로의 견해를 교환할 수 있다는 건 좋은 일입니다. 그 견해가 이론에 근거한 것이든 경험에 의한 것이든 말이에요. 하지만 일을 잘해 보려고 시작된 코칭이 문제의 본질과는 무관하게 그 사람의 태도를 비난한 꼴이 된 것은 아닌지 걱정이 되었어요. 제가 너무 지나쳤던 게 아닌가 했구요. 하지만 이제 알겠어요. 우리가 나누는 그런 대화가 우리의 일터를 더욱 멋지게 만들고, 매일 타카라 투의 비전을 새롭게 창조한다는 것을요."

미소를 지으며 이쉬가 말했다.

"하하, 타코 고마워요. 그때 제가 타코에게 얼마나 못되게 굴었는지는 쏙 빼고 얘길 해 주었네요. 그때 타코가 저에게 그 참치가 정말 싱싱한 생선인지 아닌지를 확인해 보라고 했을 때, 솔직히 어이가 없었어요. 잠깐 발끈해서 속으로 '내가 상한 참치도 구별할 줄 모른다는 거야?'라고 생각했어요. 그도 그럴 것이 제가 생선 사는 일을 어디 하루 이틀 했겠어요? 물론 그때 제 태도에 문제가 있었다는 건 인정합니다. 생선이 싱싱한지 아닌지를 떠나서 말이죠.

타코가 제 태도를 코칭했을 때 실제로 참치가 싱싱한지 아닌지는 별로 중요하지 않았습니다. 코칭의 정신이 문제였죠. 우리는 코칭을 받아들일지 혹은 거절할지 결정하기 전에 일단 상대편의 말을 끝까지 들어 보기로 함께 약속했기 때문에 저는 타코가 말을 끝낼 때까지 기다렸고, 덕분에 많은 걸 배웠습니다. 음…, 참고로 말하자면, 그때 그 생선은 싱싱했던 것 같아요."

생선이 싱싱했었다는 이쉬의 마지막 말에 모두 큰 소리로 웃었다.

베스가 말을 꺼냈다.

"저는 얼마 전에 불평불만에 가득 찬 간호사 때문에 저까지 덩달아 잘못을 저질렀던 적이 있었어요. 어리석게도 그 간호사의 부정적인 태도에 휩쓸려서 그만 우리의 비전을 깜빡 잊고 말았습니다. 제가 한 환자에 대해서 무심코 비난이 섞인 말투로 말하는 것을 우연히 지나가던 론다가 듣게 되었어요. 그리고 론다는 저에게 주의를 주었어요. 그게 바로 코칭이 아닐까요? 론다는 그 자리에서 저를 코칭해 주었고, 그녀의 말이 백번 옳았죠."

"그런 일이 있었군요. 베스, 그때 기분이 어떻던가요?"

이쉬가 베스에게 물었다.

"처음엔 변명을 하고 싶었어요. 다른 사람 핑계도 대고 싶었구요. 병원 일은 언제나 긴장의 연속이잖아요. 늘 피로와 짜증에 짓눌려 있구요. 게다가 겨우 한 번 실수한 것을 가지고 저에게 그렇게 얘기하는 론다가 섭섭하게 느껴지기도 했어요. 하지만 론다는 제가 다른 핑계를 대거나 불평할 틈도 없이 이렇게 말하더군요. '우리가 이루려고 하는 비전을 기억하죠? 여태까지 잘해 왔잖아요. 앞으로도 그럴 거라고 믿어요.'라구요. 이런 얘기를 하면서 론다는 저에게 질책을 하는 대신 비전을 상기시켜 주었어요. 어쨌든 저는 그날 론다에게 제대로 걸린 거죠."

베스는 말을 마치며 고개를 끄덕이고 있는 론다를 향해 미소를 지어 보였다.

이쉬가 베스의 말을 이었다.

"다른 사람을 코칭하는 일은 결코 쉬운 일이 아닙니다. 자신이 맡은 일을 진지하게 여기는 사람들만이 할 수 있는 일이죠. 뿐만 아니라 현재의 일터에 만족하기보다는 지금보다 더욱 멋진 곳으로 만들려는 노력이 있어야 서로 코칭을 주고받을 수 있습니다. 비전을 이루고자 하는 여러분의 결심은 서로 코칭해 주는 것으로 나타나는 겁니다. 코칭은 우리를 하나로 만드는 접착제 역할을 해요. 각자가 저지르는 크고 작은 실수들을 코칭을 통해서 깨달을 수 있도록 서로 도와주는 것은 일터를 환히 밝히는 등불의 연료와도 같습니다. 또한 우리가 이루고자 하는 변화와 혁신을 달성하는 데 훌륭한 자극제가 됩니다.

특히 신입직원이라면 아무나 붙잡고 편하게 코칭을 부탁하세요. 만약 직장의 고참이라면 신참을 코칭하면서 자신의 경험을 나누시구요. 하지만 코칭이라는 건 반드시 위에서 아래로 가야 하는 것은 아닙니다. 나이든 경력이든 윗사람은 코칭을 하기만 하고 아랫사람은 코칭을 받기만 하는 건 아니라는 얘기죠. 오히려 경력이 오래되었거나 직위가 높은 사람은 이미 타성에 젖어 있거나 판에 박힌 업무 습관에 길들여져 눈앞에 있는 새로운 비전의 순간을 놓칠 수도 있으니까요. 경험이 많은 사람이라 하더라도 신참직원의 코칭을 받아들일 줄 아는 겸손한 자세가 필요합니다. 서로 코칭을 주고받는 것은 여러분이 약속한 비전을 이루는

데 필요한 마지막 요소입니다. 여기서 말하는 여러분이 '약속한 비전'이 다소 추상적인 개념으로 들릴지도 모르겠습니다만, 비전을 구체적인 행동으로 나타내려면 'IT를 찾고', 'IT를 실천하고', 'IT를 코칭해야' 합니다."

IT를 코칭하자.

코칭은 우리가 서로에게 줄 수 있는 선물이다.

IT를 실천하도록 자극하고 도와주기 때문이다.

개인이 혼자 일을 하든, 협동해서 함께 일을 하든

모든 방향에서 피드백이 이루어져야 한다.

자기만족을 위한 코칭은 아무런 의미가 없다.

비전을 위한 코칭이 필요하다

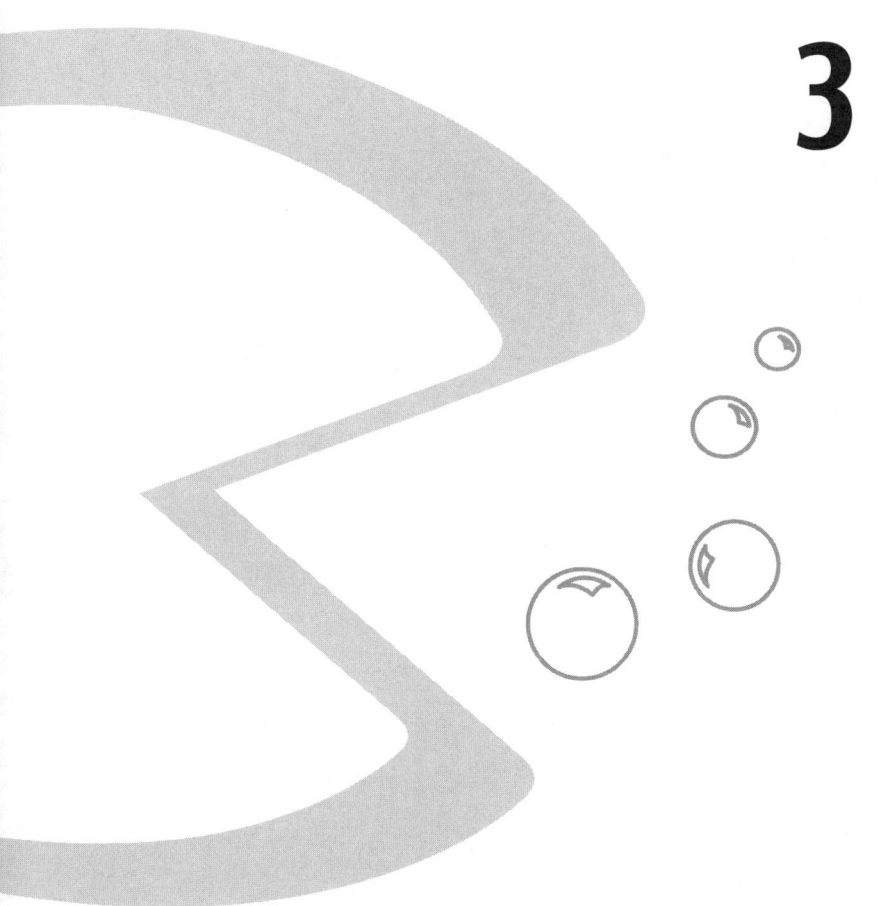

펄떡이는 비전을
언제나 싱싱하게

3

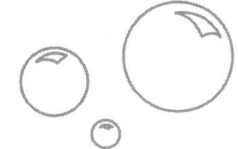

믿을 수 없는 소식

그때 밖에서 문 두드리는 소리가 들려 왔다.

"어. 밖에 누가 왔나 봐요. 누가 문을 두드리는데요?"

채드가 말했다. 다른 사람들도 모두 그 소리를 들을 수 있었다.

문을 열고 들어온 사람은 헝클어진 옷차림을 한 윌 블록이었다.

그의 얼굴은 무언가 큰 충격을 받은듯이 일그러져 있었다.

"당신 괜찮아요? 무슨 일이에요?"

깜짝 놀란 론다가 윌에게 급히 달려가며 물었다.

"너무 끔찍한 소식이라서 전화로는 차마 말할 수가 없었어. 당신을 직접 보고 얘기를 해야겠다고 생각했어."

울먹이는 월을 보며 론다는 차분한 목소리로 무슨 일인지 물었다. 충혈된 눈으로 월은 론다를 바라보며 말했다.

"앤이 죽었어."

월은 흐느껴 울면서, 앤이 음주운전자의 차에 치여 죽었다고 더듬 더듬 말했다. 론다는 울음을 터트리며 월을 부둥켜안고 그 자리에 주저앉았다. 월을 데리고 온 친구가 월과 론다를 일으켜 세울 때까지 두 사람은 한참을 오열하며 앉아 있었다. 월의 친구는 슬픔에 빠진 두 사람을 부축해서 가게 앞에 세워 두었던 차에 태우고 떠났다.

간호사들은 병원에서 어쩔 수 없이 많은 사람들의 죽음을 보게 된다. 하지만 죽음에 익숙하다고 해서 자신의 가족이 죽었을 때의 상처와 충격이 덜한 것은 아니다. 그 자리에 있었던 론다의 동료들과 친구들은 론다와 월이 당한 끔찍한 일이 마치 자신들의 일인 것 같은 충격에 휩싸였다. 그들은 한동안 서로 아무 말도 못한 채로 그저 멍하니 서 있었고, 그 중 몇 사람은 소리 죽여 흐느껴 울었다. 무거운 침묵을 깨고 핑이 병원에 전화를 해야겠다고 말했을 때 사람들은 그제야 겨우 정신을 차리고 각자 흩어졌다. 가게에 남은 이쉬는 두 손으로 머리를 감쌌고, 이쉬의 남편 히로는 아내의 어깨를 다독거렸다.

시련 속에서 빛나는 진정한 팀워크

언젠가는 늙으신 부모님이 우리 곁을 떠날 거라고, 그것이 자연의 법칙이라고 사람들은 생각한다. 하지만 자식을 앞서 보내는 것은 예상하지 못한다. 자연의 순서에 어긋나기 때문이다. 더군다나 어린 아이들은 누나나 언니를 잃을 수 있다는 생각은 꿈에도 하지 못한다. 마이크와 미아에게도 앤의 죽음은 커다란 충격이었다. 론다의 동료들 모두가 충격에 휩싸여 있을 때, 미스 스콜펠이 아무도 예상치 못했던 일을 했다.

핑이 병원에 전화를 걸어 앤의 소식을 전하고 두 시간 가량 지났을 무렵, 미스 스콜펠이 택시를 타고 론다의 집에 찾아간 것이다. 말쑥하게 다듬은 회색 고티(goatee, 염소 수염이라고도 하는 일종의 턱수염—역주)를 기른 남자가 문을 열자, 그녀가 물었다.
"여기가 블록 씨 댁인가요?"
"그렇습니다만, 지금은 때가 좋지 않은 것 같은데요…."
"혹시 론다의 남편이신가요?"
"아닙니다. 저는 월의 형입니다. 친구 되시나요?"
"아, 저는 론다와 같은 병원에서 일하는 동료입니다. 론다와 애기를 좀 할 수 있을까 해서요."
"죄송합니다. 손님을 밖에 서 계시게 했군요. 저도 지금 제 정신이 아니라서요. 우선 들어오세요. 누구시라고 전해 드릴까요?"

"제 이름은 메이블 스콜펠이에요."

두 사람은 집 안으로 들어왔고 윌의 형은 스콜펠에게 편히 앉으라며 자리를 권했다. 메이블은 조심스럽게 주위를 둘러보았다. 마치 사진관에 앉아 있기라도 한 것처럼 거실 벽에는 사진들이 빼곡히 걸려 있었다. 모르는 사람이 봐도 한눈에 누가 앤인지 알아볼 수 있을 만큼 해맑은 아가씨의 얼굴이 많은 사진 속에 있었다. 유명 배우와 찍은 멋진 사진들 속에서 앤은 너무나 밝고 건강하게 웃고 있었다.

"미스 스콜펠, 여긴 웬일로…?"

그때 초췌한 모습의 론다가 거실로 나왔다.

"론다, 혹시라도 내가 뭔가 도울 게 없을까 해서 왔어요. 비슷한 일을 당한 사람을 도와준 적이 있거든요. 뭐든지 필요한 게 있으면 나에게 말해요."

이 얘기를 하면서 메이블은 속으로 이렇게 생각했다.

'나도 예전에 이런 도움을 받은 적이 있어요.'

"이러시지 않아도…."

"이런 일이 있을 때마다 우리 간호사들은 서로 도왔어요. 당신은 지금 충격을 받아들이고 슬픔을 극복하는 것만으로도 벅찬데, 따로 챙겨야 할 일이 있잖아요. 전화를 받는다거나 음식 준비를 하는 것 말이에요. 그런 건 모두 내가 알아서 할게요. 무언가 필요한 게 있으면 얘기하세요."

"미스 스콜펠…."

"이런 일이 생기다니 나도 정말 가슴 아파요. 이런 말이 별로 위로가 안 된다는 건 알지만, 그래도 도움이 될 만한 일이라면 무엇이든 하고 싶어요. 사실은 오래 전에 나도 사랑하는 사람을 잃은 적이 있어요. 그래서 지금 당신이 얼마나 괴로울지 충분히 알아요. 지금은 이런 말이 귀에 들어오지도 않겠지만, 난 당신을 돕고 싶어요. 방해하지 않을게요. 필요하면 언제든지 불러요."

눈물로 범벅이 된 얼굴을 하고 론다는 고맙다고 말한 후 방으로 돌아갔다. 간간이 터져 나오는 흐느낌은 계속 이어졌고 이따금씩 비통한 울부짖음이 온 집안을 가득 채웠다.

'너무나 생생해.'

미스 스콜펠은 생각했다.

'가족의 죽음은 평생 지울 수 없는 아픔이지.'

미스 스콜펠은 서둘러 장례식 진행에 착수했다. 30분이 채 되기도 전에 그녀는 24시간 빈틈없이 교대로 일할 수 있도록 간호사들로 구성된 장례식 준비 팀을 짰다. 동료 간호사들로 이루어진 팀은 조문객들을 위한 식사 준비하기, 조문객 맞이하기, 소소한 심부름하기, 조문객 실어 나르기, 잠자리 마련하기, 설거지하기, 그리고 불필요한 전화를 차단하는 등의 일을 했고, 론다가 다니는 교회의 복음 성가대 단원들이 음식을 가지고 와서 도와주고 싶다고 했을 때 그들과 하나로 뭉쳐 일했다. 이들은 충격과 슬픔으로 경황이 없는 론다를 대신하여 꼼꼼하고 세심하게 장례식을 치러 냈고, 장례식 다음날까지 그들의 빛나는 팀워크는 계속되었다. 앤의 친구들이 준비한 추도식에 참석하기 위해 윌과 론다가 로스앤젤레스로 떠난 후, 미스 스콜펠과 자원봉사자들은 온 집 안을 깨끗하게 청소하는 것으로 일을 마무리했다.

다시 병원으로 돌아오다

언제나 쉴 틈 없이 돌아가는 병원의 바쁜 업무는 간호사들에게 친구가 당한 끔찍한 비극을 잠시나마 잊게 해 주는 진통제가 되었다. 가까운 동료가 자녀를 잃었을 때, 우리는 그게 남의 일만은 아니라는 것을 깨닫는다. 누구에게나 있을 수 있는 일인 것이다. 6층 병동에는 교통사고로 머리를 다친 티나 *Tina*라는 여섯 살짜리 여자아이가 있었는데, 간호사 게시판에 론다에게 보내는 가슴 뭉클한 편지를 붙여 놓았다. 건강을 되찾으려고 싸우고 있는 이 꼬마는 병원의 분위기가 왠지 무거워진 것을 알아채고 여기저기 물어보고 다녔다는 것이다. 그러다가 론다가 딸을 잃었다는 소식을 듣게 되었고 그녀에게 편지를 썼다.

친애하는 론다 아줌마에게

제가 누군지 기억나세요? 611호실에 있는 꼬마예요.
아줌마한테 슬픈 일이 생겼다는 소식을 들었어요.
너무 슬퍼요. 아줌마도 슬프죠?
아줌마를 만나면 꼭 껴안아 줄게요.

— 아줌마를 사랑하는 티나가

추신 : 제가 다 나아서 집에 가게 되면
아줌마를 껴안아 줄 수가 없겠네요.

핑과 베스가 복도에서 마주쳤다.
"베스, 6층에는 좋은 사람이 너무 많아요. 인정도 넘치고…."
핑은 목이 메어 더 이상 말을 잇지 못했다.
"나도 그걸 느껴요. 이런 일이 생기니까 내가 제대로 살고 있는
건지, 인생이란 게 과연 무엇인지 돌아보게 되네요. 하루 중 거의
대부분의 시간을 보내는 곳인데도 옆에 있는 동료가 무슨 일이
있건 말건 신경도 안 쓰고 그냥 주어진 일만 하기 쉽잖아요. 그래

도 이럴 땐 동료들이 있으니까 함께 아픔을 나눌 수도 있는 것 같아요.

"정말 그런 것 같아요."

"우리 병동 분위기가 다시 점점 좋아지는 듯한 느낌이 들지 않아요? 그래서 살아 있는 일터를 만들자는 우리의 철학을 지킬 필요가 있는 거예요. 이번에 다시 한번 느꼈어요. 우리가 간호사가 된 이유가 무엇인데요? 인간다운 인간이 되려는 것 아닌가요? 론다의 복귀에 대해 쭉 생각했는데, 그런 충격을 겪은 후에 다시 예전처럼 마음을 추스르려면 몇 달은 걸릴 것 같아요."

"그렇겠죠…."

"타카라 투에서 했던 이야기, 다시 시작하려던 일을 우리가 계속해야 하지 않을까요?"

"맞아요. 예전으로 돌아가길 바라는 사람은 아무도 없으니까요. 옛날 방식으로 일하기에는 우리가 하루하루 살아가는 시간이 너무 소중해요. 그럼, 어떻게 해야 할까요?"

"앤에 대한 추억을 아름답게 간직할 수 있는 최선의 방법은 론다가 시작한 일을 우리가 계속 추진하는 거예요. 즐거운 마음으로 일할 수 있는 곳, 환자에 대한 사랑과 깨어있는 의식으로 가득 찬 일터를 만드는 일 말이에요. 우리는 이제까지 그런 일터를 만들어 가던 중이었잖아요?"

"맞아요. 알다시피 우리는 가족이나 친구와 지내는 시간보다 직장에서 지내는 시간이 훨씬 더 많잖아요. 예배당에서도, 휴가지에서도 이렇게 많은 시간을 보내지는 않아요. 잠에서 깨어 있는 시간 중에 가장 많은 시간을 일터에서 보내죠. 지금이 우리의 결심을 테스트할 수 있는 기회인지도 몰라요. 그리고 그 결심이 우리의 일터를 더욱 즐겁게 만들기 위한 것 이상임을 증명해 보일 수도 있구요."

그때 미스 스콜펠이 핑과 베스에게 다가왔다.

"좋은 오후입니다, 여러분. 안녕하세요."

"미스 스콜펠."

"우스꽝스러운 작은 물고기가 다시 물 밖으로 나왔네요."

스콜펠은 베스의 명찰에 붙은 물고기 배지를 보고 이렇게 말했다.

"음, 그게 아니라…."

"처음 여기에 도착했을 때 내가 좀 성급하게 굴었는지도 모르겠어요. 헤더가 건네준 자료를 원장님과 함께 보았는데 아직 완성되지 않은 자료라고는 하지만 정말 눈부신 결과더군요. 6층 병동에 있는 환자와 직원들의 만족도는 놀랄 만한 성장률을 보였어요. 모두가 충분히 자부심을 가질 만해요. 사실 병원 본부에 있을 때 나도 이곳에 관한 좋은 얘기를 꽤 많이 듣긴 했지만, 누가 그런 일을 해냈는지는 전혀 몰랐죠.

하지만 지금 내가 지적하고 싶은 것은 이미 거두어 들인 성과가 아니에요. 이제까지 이루어 낸 것을 지키기 위해 무엇을 하고 있나요? 이 모든 것이 진짜 문제를 감추고 주의를 다른 곳으로 돌리기 위한 눈가림으로 전락하고 만 건가요?"

"우리는….."

"론다가 복귀하면 물론 예전처럼 자신의 일을 잘 해낼 거예요. 하지만 그녀에게 계속해서 여러분의 응원단장이 되어 달라고 해서는 안 돼요."

"우리도 마침 그 얘기를….."

"얘기를 나누게 되어 즐거웠어요. 다시 현장에 돌아와 간호사들과 일하게 되어서 개인적으로 무척 기뻐요. 자, 이제 그만 일하러 갑시다."

미스 스콜펠은 몸을 돌려 사무실로 걸음을 재촉했다.

"미스 스콜펠!"

핑이 큰 소리로 스콜펠을 불렀다.

"핑, 뭐죠?"

스콜펠은 뒤돌아보며 물었다.

"애써주셔서 감사해요. 저희가 론다를 어떻게 도와야 할지 몰라서 우왕좌왕하고 있을 때, 앞장서서 이끌어 주셨던 것 말이에요. 월과 론다에게 꼭 필요한 도움을 줄 수 있도록 저희를 도와주셨어요."

항상 똑 부러지던 미스 스콜펠은 그녀답지 않게 핑의 말을 듣고 한동안 말을 잇지 못했다. 그리고 그런 스콜펠의 두 눈에 이윽고

눈물이 고이기 시작했다.

"우리 간호사들은 어려운 일이 있을 때 서로에게 힘이 되어 주지요. 나도 론다와 같은 일을 겪은 적이 있어요. 오래 전의 일이지만 남편이 갑작스럽게 세상을 떠났을 때 말이에요."

"저런, 몰랐어요."

"론다는 병원에 복귀해도 변함없이 좋은 간호사이지만 예전처럼 밝고 쾌활하지는 않을지도 몰라요. 누구라도 그럴 수밖에 없겠죠. 아무 일 없는 듯이 잘 지내다가도 갑자기 가슴이 아파 오고 슬픔에 잠기는 때가 있을 거예요. 오랜 세월을 그렇게 살아야 하지요. 왜 안 그렇겠어요?

하지만 론다가 예전처럼 밝지 않아도 여러분이 오해해서는 안 돼요. 우리가 애써 이루어 낸 즐거운 일터 만들기와 우리의 열정, 에너지를 유지하는 일에 그녀가 관심이 없어졌다고 생각해서는 안 된다는 거예요. 살다 보면 이런 일도 있고 저런 일도 있는 거잖아요. 론다도 사람이에요. 여러분이 이렇게 애쓰고 있는 이유를 생각해 보세요. 단지 즐겁게 일하기 위해서만은 아니잖아요? 환자들과 동료들뿐만 아니라 모든 인간의 감정, 각자 다른 개성을 이해하고 존중하기 위해서라는 사실을 보여줄 수 있는 기회는 바로 지금이에요. 환자와 우리 서로를 진정으로 받아들일 수 있는 기회란 얘기지요."

미스 스콜펠은 뒤돌아 가면서 빳빳하게 풀 먹인 간호사복 주머니에서 손수건을 꺼냈다. 그 뒤에 서 있던 베스가 핑을 보며 이렇게 말했다.

"우리와 세대차이가 난다고만 생각했는데 저 빳빳한 하얀 유니폼 속에 진짜 간호사의 마음을 가지고 있는 게 분명해."

앤의 기억을 가슴에 묻고

망연자실한 론다와 윌은 붉게 충혈된 눈으로 로스앤젤레스에 도착했다. 추도식은 앤의 룸메이트였던 질Jill, 앤의 애인 롭Rob, 그리고 친구인 그렉Greg과 멜리사Melissa가 준비했다. 추도식이 열린 곳은 앤과 질이 살던 집 가까이에 있는 바닷가였다. 그 바닷가는 베이워치(Baywatch, 미국의 TV 드라마 - 역주)의 무대가 되었던 곳이기도 하고, 백사장에는 10개도 넘는 배구코트가 있었다. 그곳에 도착한 론다와 윌은 이미 80명 정도의 사람들이 활활 타고 있는 모닥불 주위에 모여 있는 것을 보았다.

"해낼 수 있을지 모르겠어요."

차안에서 이렇게 말하는 론다를 윌은 다정하게 바라보았다.

"당신은 아무것도 안 해도 돼. 호텔로 다시 데려다 줄까? 이 사람들은 앤의 친구들이니까 이해할거야."

"당신은 괜찮은 거예요?"

"휴우, 괜찮을 수는 없지…. 매순간을 버티려고 노력하는 것뿐이야. 나는 앤이 로스앤젤레스에서 영화 일을 하면서 어떻게 살았는지, 어떤 친구들과 만나고 사귀었는지 하나도 아는 게 없어. 앤이 여기서 한두 해를 산 것도 아닌데 말이야. 그 애의 친구들과 동료들이 앤과 어떻게 지냈는지, 그들이 알고 지낸 앤에 대해서 듣고 싶어."

론다가 문을 열고 차에서 내렸다.

"당신 말이 맞아요. 앤이 이곳에서 어떻게 살았는지, 나도 알고 싶어요. 그리고 로스앤젤레스에서의 그 애의 삶을 축복해 주자구요."

두 사람은 손을 잡고 사람들이 모여 있는 곳을 향해 걸어갔다.

굿 사마리탄이 만든 새로운 계획

"베스, 좀 더 구체적인 계획을 세우고 행동으로 옮기려면 담당 업무를 기준으로 팀을 나누는 게 좋겠어요 세 팀으로 나눠서 이쉬가 설명했던 세 가지 원칙을 하나씩 맡기로 하는 거예요. 내가 우리 부서와 함께 'IT 찾기'를 맡을게요. 어떻게 생각해요?"

"핑, 그거 정말 좋은 생각이네요. 그럼 우리 팀이 'IT 실천하기'를 맡고 채드네 팀이 'IT 코칭하기'를 맡으면 되겠어요."

"뭔가 구체적이고 실질적인 방법이 없을까요? 우리 병동이 계속해서 생기가 넘치고, 비전이 살아 숨 쉴 수 있는 곳으로 계속 발전해 나가도록 만들기 위한 방법이요. 우리의 목표가 무엇인지는 잘 알겠는데, 어떻게 진행해야 할지 도무지 감을 잡을 수가 없어요."

"베스, 제 생각에는 우리가 결심을 좀 더 확고히 다지는 것이 우선일 것 같아요. 그러고 나서 사람들에게 각자가 경험한 성공과 실패를 이야기해 달라고 하고 그 이야기들을 서로 나누는 거예요. 동료들에게 병원에서 활용할 만한 구체적인 아이디어를 알려 달라고 부탁하는 거죠. 그러다 보면 자연스럽게 비전의 순간이 만들어지는 것 아닐까요?"

"근사하네요, 핑. 여기 타카라 투에서 배운 내용을 정리해서 복사한 게 있어요. 채드에게도 복사본을 주고 우리의 계획을 알려요. 그런데 우리가 이렇게 해도 괜찮을까요? 론다가 언짢아하지는 않겠죠? 혹시 우리가 너무 설친다고 생각하는 건 아닐지 걱정되는데…."

"걱정 말아요, 베스. 아마 론다는 도리어 마음 편해 할 것 같은데요? 론다는 마들렌의 지휘 아래 시작된 일을 자신이 혼자 이끌어가야 한다는 압박감을 가지고 있었거든요. 우리가 그 짐을 나누어 질 수 있잖아요. 또 진작 그랬어야 했구요. 우리의 의무를 이제야 깨달은 거죠."

타카라 투에서 배운
세 가지 원칙

타카라 투에서는 손님들에게 특별하고 놀라운 경험을 계속해서 제공하기 위해 세 가지 원칙을 지키고 있다.

• IT 찾기

조직의 비전은 대부분 여러 사람이 공유하도록 만들어진다. 그래서 그 비전을 실현하려면 우선 각자가 조직의 비전을 자신의 것으로 여기고, 그 속에서 책임감을 가지고 자신만의 IT를 찾아야 한다. IT를 찾기 위해서는 비전을 공유하는 사람, 즉 동료들과 비전에 대한 대화를 나누어야 한다. 타카라 투의 직원들은 정기적으로 그들이 창조하고자 하는 일터의 비전과 각자의 임무에 관한 대화를 나눈다.

• IT 실천하기

우리는 매일 비전을 새롭게 재창조할 수 있는 기회를 만난다. 이쉬는 이런 기회를 '비전의 순간'이라고 부른다. IT를 실천하려면 이 비전의 순간을 절대 놓쳐서는 안 된다.

• IT 코칭하기

혼자 힘으로 비전을 지키기란 쉽지 않다. 일을 하는 동안 자신을 관찰하거나 혹은 자신이 다른 사람에게 어떤 영향을 미치는지 깨닫기가 어렵기 때문이다. 그럴 때 서로 주고받는 피드백은 굉장히 중요한 역할을 한다. 피드백을 주고받는 것이 서로에 대한 의무라고 여겨지는 분위기가 조성되어야 매일 서로의 행동을 관찰하고 잘못된 점을 지적해 줄 수 있다. 비전을 이루기 위해 코칭은 반드시 필요한 요소이다.

위에 있는 세 가지 아이디어의 중요성과 그것이 주는 힘을 이해하기 위해서는 실천이 가장 중요하다. 그 실천은 우리 모두를 위한 일이다. 하지만 참여하고 싶지 않은 사람에게 강요해서는 안 된다. 스스로의 선택이 아니면 자발적인 에너지를 기대할 수 없기 때문이다.

미스 스콜펠의 정체는?

핑과 베스가 그들의 계획에 대해 의논한 지 어느덧 한 달이 지나갔다. 다시 병원으로 돌아온 론다는 앤의 죽음 이후로 조금 달라져 있었고, 종종 흐릿한 눈으로 멍하니 허공을 바라보기도 했다. 바쁘게 환자를 보살피는 동안에는 슬픔에 잠길 겨를이 없으므로 동료들은 일부러 급하고 힘든 일이 있을 때마다 론다에게 도움을 요청했고, 론다 역시 일부러라도 모든 생각을 잊게 해 주는 고된 일을 찾아서 그 일에 몰두했다.

슬픔에 빠져 있긴 했지만, 론다는 따뜻한 편지로 자신을 위로해 주었던 611호실의 티나에게 특별히 관심을 가졌다. 티나의 병세는 느리지만 꾸준히 호전되고 있었다. 론다는 앤의 사진과 함께 티나의 편지를 책상 앞에 붙여 놓았다.

핑과 베스, 채드 세 팀장은 자신들의 계획을 요약해서 보고했다. 론다와 미스 스콜펠은 크게 기뻐했고 병원장인 필은 6층 병동에 들러서 그들의 수고를 칭찬하며 자신도 최선을 다해서 돕겠다고 말했다.

여느 때처럼 미스 스콜펠은 말이 많았지만 세 팀장 모두 미스 스콜펠의 일방적인 대화에 점점 익숙해져서 이제는 오히려 그런 대화를 즐길 정도였다. 한동안 혼자 퍼붓듯이 얘길 하던 미스 스콜펠은 핑과 베스, 채드에게 점심을 먹으며 회의를 계속 하자고 제안했고, 자신의 사무실 앞으로 오전 11시까지 모여 달라고 부탁했다.

정각 11시에 미스 스콜펠의 사무실 앞에 모인 세 사람은 모두 의아하다는 표정들이었다.

"점심을 먹기에는 좀 이르지 않아요?"

채드가 핑과 베스에게 물었다. 그때 미스 스콜펠이 황급히 문을 열며 나왔고, 그녀가 빠른 걸음으로 병원 정문을 통과하여 주차

장으로 갈 때까지 세 사람은 허겁지겁 그녀를 뒤따라갔다.

"미스 스콜펠, 잠시만요. 론다를 기다려야죠."

"론다는 우리가 식사하는 동안 여러분의 일을 대신해 주기로 했어요."

"네? 론다가요?"

"왜요? 이상할 것 없잖아요? 충분히 납득할 수 있는 일이고 아주 프로다운 일 처리지요."

통로를 바삐 빠져나가며 미스 스콜펠이 말을 이었다.

"팀장은 여러분이잖아요, 아닌가요?"

"그렇긴 하지만…."

"그럼 됐어요. 어서 차에 탑시다."

"어디로 가는 거죠?"

"시내에요."

스콜펠의 차는 조지 워싱턴 다리를 건너 뉴욕 시내 중심가로 들어섰고, 차에 타고 있던 사람들은 창밖으로 지나가는 활기찬 거리 풍경에 대한 얘기를 나누었다. 전 세계 사람들이 모여드는 곳, 별나고 신기한 사람들이 모두 모인 곳이기 때문에 사람 구경을 하는 데 뉴욕만큼 흥미진진하고 재미있는 곳은 없다.

"점심 먹으러 이렇게 멀리까지 가야 하는 이유가 뭐예요?"

핑이 스콜펠에게 물었다.

"나는 얼마 후면 정년퇴직이에요. 그래서 내가 병원에 남기고 갈 수 있는 게 무엇일까 오랫동안 고민해 왔어요. 연구부서에서 일하면서 병원 시스템 전체에 연구 프로그램을 구축해 놓은 것에 자부심을 가지고 있기도 하죠. 그래서 남은 1년 반을 신세대 간호사들에게 구세대 선배 간호사들의 현명한 간호방식을 가르치는 데 전념해야겠다고 생각했었어요."

스콜펠은 계속해서 이렇게 말했다.

"그런데 굿 사마리탄 병원에서 벌어지는 일을 보고 난 굉장히 놀랐어요. 여긴 발전할 수 있는 가능성이 아주 많은 곳이에요. 헤더의 연구결과가 여러분이 이미 알고 있는 것을 증명하고 있어요. 여러분의 노력이 얼마나 중대한 변화를 가져왔는지 말이에요.

사실 내가 처음 왔을 때는 모두 외부적인 것에만 지나치게 의존하고, 새로운 직원들과도 잘 융합하지 못하는 것처럼 보였거든요. 하지만 시간이 지날수록 여러분에게서 많은 걸 배웠어요. 그래서 나도 여러분에게 무엇 하나라도 가르쳐 주고 싶어요."

"어머, 여긴 타카라 투잖아요?!"

베스가 창 밖을 보며 외쳤다.

"네, 맞아요. 우리는 이쉬를 만날 거예요. 우리가 배워야 할 나머지 부분을 말해 줄 수 있을지 봅시다. 다 왔어요."

미스 스콜펠은 타카라 투에서 그리 멀지 않은 곳에 차를 세웠다.

"미스 스콜펠, 여길 어떻게…."

세 명의 간호사들은 모두 어리둥절한 표정이었다.

차에서 내리자 그들을 기다리고 있는 이쉬와 마고가 보였다. 이쉬와 마고는 그들을 반갑게 맞으며 입구의 비닐 커튼을 들어 올렸다.

"야아, 이번에도 맛있는 생선초밥을 먹을 수 있는 거죠?"

베스가 군침을 삼키며 말했다.

이쉬가 미소를 지으며 말했다.

"이를 어쩌죠? 오늘은 저 아래에 있는 델리에서 사온 콘비프(corned beef, 소금에 절인 쇠고기-역주) 샌드위치밖에 없는데…."

"정말이요?"

베스가 실망한 표정으로 말했다.

"하하, 농담이에요. 샌드위치랑 초밥, 둘 다 드실 수 있어요."

그들이 긴 탁자에 차례로 앉자 생선초밥과 샌드위치가 예쁜 쟁반에 가지런히 담아져 나왔고 그들은 다같이 음식을 먹기 시작했다. 마고가 먼저 입을 열었다.

"시티와이드 지도자 훈련 프로그램에서 제가 활동하고 있는 것을 알고 있는 분들도 계실 거예요. 거기서 저는 운 좋게도 이쉬를 만났어요. 하지만 미스 스콜펠이 그 프로그램의 창시자이고 또 전임 회장이었다는 건 모두들 지금 처음 아셨죠?"

세 간호사 모두 믿을 수 없다는 눈으로 미스 스콜펠을 바라보았다. 깜짝 놀란 표정에는 존경의 눈길이 가득했다.

우리만의 길에 첫걸음을 내딛는 순간

"스콜펠과 저 그리고 이쉬까지, 우리는 모두 굿 사마리탄 병원의 장래에 대해서 자주 대화를 나눈답니다. 제가 가장 사랑하는 친구 론다를 걱정하고 있기 때문이기도 하죠. 론다와 저는 초등학교 1학년 때부터 친구로 지냈어요. 그래서 이쉬와 저는 여러분에게 어떤 도움이 필요한지 알고 싶어요. 그리고 지난번에 나누었던 이쉬의 조언대로 잘 진행되고 있는지도 궁금하구요"

핑이 두 동료 간호사를 쳐다보았다. 그들이 고개를 끄덕이자 핑은 이야기를 시작했다.

"솔직히 말씀드리자면 전혀 앞으로 나아가지 못하고 있어요. 비전 안에 있는 우리의 IT를 찾는 것이 중요하다는 건 알겠는데 어떻게 시작해야 할지 도무지 모르겠어요. 다른 조직의 성공사례 같은 것이라도 참고할 수 있다면 도움이 될 텐데요."

베스가 핑의 말을 이었다.

"IT를 실천한다는 것이 무슨 의미인지 이해하도록 돕는 몇 가지의 아이디어도 있고, 사람들이 쉽게 이해할 만한 우리만의 독특한 비전의 순간도 있어요. 하지만 어떻게 해야 직원들이 여기에 적극적으로 참여할까요? 행동지침이나 단계를 적어 놓은 목록 같은 것이 있다면 좋을텐데…."

그리고 채드 역시 한마디 했다.

"사실 IT를 코칭하자는 세 번째 원칙이 제일 명확하긴 해요. 간호 업무에는 늘 환자관리에 대한 감사보고서나 진료검토서 등의 피드백이 있어 왔기 때문에 동료들 모두 정직하고 분명한 의사소통의 의미를 이해할 거예요. 문제는 일하는 방식이나 바람직한 간호사상에 대한 정직하고 진실한 대화를 어떻게 이끌어 내느냐 하는 거예요. 역시 성공사례를 참고할 수 있다면 도움이 될 것 같아요."

세 간호사의 이야기에 마고가 대답했다.

"처음에 론다가 저와 함께 이쉬를 만나 이런저런 이야기를 나눈 후, 론다는 병원에 돌아가서 동료들과 진지한 대화를 시작할 계획이었어요. 일에 관해서, 그리고 일터에서 여러분이 얻고자 하는 것에 관해서 말이죠."

"맞아요." 펑이 이야기했다.

"론다가 저에게 우리가 일하는 방식에 대해 의논할 수 있겠느냐고 물었던 날이 기억나요. 처음엔 제가 뭘 잘못했나 하고 조금 걱정했었어요. 그때 론다와 이야기를 나누면서 새로 들어온 보조 간호사인 후앙에 대해서도 이야기했었거든요. 론다의 부탁을 받고 후앙과 얘길 해 보았더니, 우리가 후앙에게 너무 무신경했던 것 아닌가 하는 반성도 하게 되었어요. 우리의 분위기에 적응하지 못하는 후앙을 도와주기는커녕 더욱 겉돌게 만들었던 것 같기도 했구요. 우리가 일하는 방식에 적응하고 싶어 하는 그의 바람을 알아차리지도 못했던 거죠. 우리가 사려 깊지 못했다는 생각을 하면서 반성했어요."

"진지하게 일에 관한 대화를 시작하면서 에너지가 샘솟는 걸 느끼셨나요?"

"그럼요. 금방이요. 놀라웠죠."

"여러분은 자신들의 내부에서 자연스럽게 나오는 열정과 에너지에 대한 믿음이 확고한 거예요. 진지한 대화를 나눌 수 있다면 항상 가능한 일이죠. 여러분에겐 성공사례가 필요 없어요."

"필요 없다구요?"

"네. 여러분은 세 가지 원칙을 훌륭하게 이해했고 또 우리가 타카라 투에서 어떻게 하고 있는지 보셨잖아요? '이해'를 위한 시간은 끝났어요. 이제는 행동으로 옮길 때입니다."

"또 한 가지."

옆에서 조용히 얘기를 들고 있던 미스 스콜펠이 나섰다.

"론다와 얘기했는데 그녀도 다시 이 일에 참여하고 싶어 해요. 하지만 여러분의 일을 빼앗는 건 아닌가 걱정하고 있어요. 그녀는 세 분이 앞장서서 자기대신 이 일을 계속 진행해 나가는 것에 감동받았다고 했어요. 그리고 자기가 혹시라도 방해가 되지는 않을까 걱정하고 있어요."

"방해라니요!" 핑이 말했다.

"론다가 이 일에 계속 참여하고 싶어 하다니 정말 듣던 중 반가운 소식이에요."

"우리 모두 론다가 어떤 사람인지 잘 알잖아요."

스콜펠이 웃으며 말했다. 핑은 계속해서 이야기를 했다.

"어쨌든 아까 하던 얘기를 계속할게요. 마고와 이쉬에게 부탁하려는 것은 어떻게 일을 시작해야 하는지에 관한 힌트예요. 뭔가 좋은 방법을 좀 알려 줄 수 있나요? 해야 할 일이 적힌 목록 같은 것이 있으면 정말 좋을 텐데…. 이쉬, 당신이 가족들과 함께 사업을 하면서 직접 경험했고 만들어 낸 아이디어니까 그런 것이 있다면 저희에게도 알려 주세요."

"이렇게 말하면 어떻게 생각할 지 모르겠네요."

이쉬가 말을 이었다.

"타카라와 타카라 투에서 비전을 유지하기 위해 무엇이 필요한지 발견한 건 사실이지만 그것은 우리가 새롭게 만들어 낸 건 아니에요. 그것은 늘 있어 왔어요."

"늘 있어 왔다구요?"

"여러분의 실행전략을 굿 사마리탄 병원의 문화에 꼭 맞게 짜야 해요. 타카라 투의 성공을 인정해 주는 것은 고맙지만 우리를 통해서 얻은 지혜를 행동으로 옮길 수 있는 방법은 여러분 스스로 찾아야 합니다. 더 이상 우리를 관찰하거나 우리의 방법을 분석하는 것은 도움이 안 되요. 오히려 여러분이 하는 일에 방해가 될 뿐이죠. 여러분이 뜻한 바가 현실로 이루어질 장소는 타카라 투가 아닌 굿 사마리탄이니까요."

"음, 어떻게 해야 하는지 아직도 확신이 안 서네요."

"그건 어쩌면 여러분이 걸어온 여정이 독특하기 때문일 거예요. 혹시라도 자신이 생각해 낸 아이디어가 너무 진부하거나 낡은 것은 아닐까 하고 걱정하거나 주저하지 마세요. 그 아이디어 자체는 오래된 것일 수 있지만 적당한 순간, 적당한 곳에 그 아이디어를 적용하는 건 완전히 새로운 일이니까요. 그리고 여러분 스스로가 방법을 찾아내는 것이 중요하다는 것을 잊지 마세요. 무엇이든 확실치 않은 일을 행동으로 옮기는 데는 용기가 필요합니다. 더 많은 사례를 공부하고 연구하는 것이 당연한 일이긴 하지만 자칫 행동에 옮기는 것을 방해할 수도 있어요.

저는 이 과정을 이해하는 데 철학자 조셉 캠벨*Joseph Campbell*의 말이 도움이 되었어요. 당신의 앞에 길이 있는데, 한 걸음 한 걸음 나아갈 수 있는 방법이 보인다면 그 길은 이미 당신만의 길이 아니라는 이야기에요. 여러분의 길은 여러분이 발걸음을 내딛는 순간 창조되는 겁니다. 여러분 앞에 이미 잘 다져진 길이 보인다면, 그 길은 다른 사람이 걸었던 길이고 그렇기 때문에 쉽게 눈에 띄는 거지요.

능률적인 조직을 관찰하면서 거기에서 얻는 영감을 기꺼이 수용하는 것은 굉장히 중요한 일이에요. 하지만 행동을 취해야 할 때는 절대 '남의 방법'을 모방하거나 도용해서는 안 됩니다. 혼자 힘으로 첫걸음을 떼는 것이 중요합니다.

이제 제가 드릴 수 있는 것은 생선초밥뿐이네요. 아직 아무도 가지 않는 여러분만의 길을 찾으세요. 반드시 여러분의 힘으로 찾아야 합니다."

일행은 그 자리에서 한 시간 정도 더 이야기를 했고, 그런 논의를 통해서 그들 스스로가 그들만의 길을 찾아야 한다는 피할 수 없는 임무를 점점 편안하게 받아들일 수 있었다.

타카라 투에서 나와 핑과 미스 스콜펠과 헤어진 뒤 채드와 베스는 지하철역을 향해 걸었다. 각자 기록한 메모를 서로 비교해 보면서 진지하게 이야기를 나누며 걷고 있을 때 어느 가게의 쇼 윈도우에 베스의 눈길이 멎었다. 채드와 베스는 걸음을 멈추고 가족사진이 진열되어 있는 사진관을 들여다보았다.

"소중한 순간을 남기고 싶어 하는 게 인간의 본능인가 봐요. 사진이 발명되기 전에는 어떻게 했을까요?"

"동굴 벽에 그림으로 남겼겠죠. 왜 그래요? 사진에 뭐가 있어요? 무슨 생각을 하는 거예요?"

베스가 사진을 보다 떠오른 아이디어를 채드에게 말했다. 베스의 아이디어를 가지고 한참 들떠서 얘기하던 두 사람은 열띤 토론으로 기운이 빠질 정도였다. 그래서 결국 지하철 대신에 택시를 타고 병원으로 돌아가기로 했다.

길잡이가 될 원칙을 이해하고 나면

곧바로 **행동**에 옮겨야 한다.

우리는 수많은 사람들이 지나간,

이미 평탄하게 다져진 **길**을 찾으려 한다.

그리고 그 길이 우리를 **목적지**까지

편하게 데려다 줄 것이라고 기대한다.

하지만 우리는 **우리 자신만의** 길을 찾아야 한다.

확고한 **결심**과 해낼 수 있다는 **신념**이

그 길을 찾기 위해 필요한 **유일한 나침반**이다.

IT 찾기 팀이 만든 약속의 문

이쉬가 행동을 개시할 때라고 격려한 지 5주가 지난 어느 월요일 아침, 특별 기동대의 '펄떡이는 물고기를 잡아라' 프로젝트가 처음으로 공식적인 움직임에 들어갔다. 굿 사마리탄 병원 6층 로비에 구식 경첩으로 장식된 고풍스러운 아치형 문이 세워졌고 거기에는 '약속의 문'이라는 푯말이 붙었다. 문 위에는 두 가지의 질문이 적혀 있었다.

- 굿 사마리탄의 비전을 실천하기로 약속했나요?
- 당신의 IT를 찾았나요?

한쪽 구석에는 안내데스크가 꾸며져 있었고, 거기엔 핑과 IT 찾기 팀원들, 론다, 미스 스콜펠이 함께 서 있었다. 그들은 엘리베이터에서 내리는 직원들이나 그곳을 지나는 직원들에게 환하게 웃으며 카드와 재미있게 생긴 핀을 나눠 주었다. 그들이 사람들에게 나누어 준 카드의 뒷면에는 새로 추가된 내용을 포함하는 병원의 새로운 비전 선언문이 적혀 있었다.

당신은 굿 사마리탄의 비전을 실천하기로
약속했나요? 당신의 IT를 찾았나요?

이 카드의 뒷면에는 굿 사마리탄 병원의 비전 선언문이 적혀 있습니다. 이것은 우수한 간호 서비스와 일하기 좋은 병원을 만들어 가려는 우리의 약속을 공식적으로 세상에 알리는 중요한 선언문입니다. 그리고 모든 사람이 이해할 수 있도록 쉽고 일반적인 용어를 사용하여 만든 것입니다. 하지만 우리 스스로가 우리의 비전을 소홀하게 여기고 일터에서 실천하지 않는다면, 이 선언문은 아무런 의미가 없습니다.

6층 병동에서는 '즐겁고 명랑한 일터 만들기'를 팀 단위로 협심하여 추진해 왔고, 그 결과 병원의 분위기뿐만 아니라 환자를 간호하는 우리의 태도까지 완전히 달라졌습니다. 이것은 내외부적으로 대단히 놀라운 성과라고 아니할 수 없습니다. 하지만 우리는 거기에서 그치지 않을 것입니다. 이 확장된 비전을 유지하기 위해서는 각자의 새로운 각오가 필요합니다. 가장 먼저 해야 할 일은 비전 안에 있는 스스로의 IT를 찾는 것입니다. 그래야만 비전을 실천할 수 있기 때문입니다. IT를 찾는 방법은 결코 어렵지 않습니다. 동료들과 일에 대해 진지한 대화를 나누는 것부터 시작해 보십시오.

보름 동안 적어도 5번의 대화를 가짐으로써 여러분의 확고한 결심을 보여 주십시오. 이러한 대화가 여러분의 IT를 찾는 데 도움을 줄 것입니다. 대화를 나눌 때는 다음의 질문으로 시작하십시오.

- 일하면서 자신이 비전을 실천하고 있다고 느낄 때는 언제입니까?
- 환자와 동료를 위해 우리가 만들어 내는 특별한 경험은 무엇입니까?
- 굿 사마리탄 병원의 비전을 어떻게 개인의 비전으로 만들고 있습니까?
- 일하는 방식을 항상 싱싱하게 살아 있도록 만들려면 서로에게 어떤 도움을 줄 수 있을까요?

오전근무조의 간호사들 대부분이 오전 8시 30분이 되기 전에 '약속의 문'을 방문해서 비전 카드와 핀을 받아 갔다. 마지막으로 방문한 사람은 병원장인 필이었다.

"좋은 결과를 얻을 수 있을 것 같군요." 필이 계속 이야기했다.

"하지만 핀은 좀 의외인데요. 외부적인 에너지가 아니라 자발적인 에너지를 얻는 게 중요하다고 하지 않았습니까?"

"그렇습니다." 미스 스콜펠이 대답했다.

"그건 우리 모두가 동의한 바예요. 외부적인 상징물이나 이벤트 같은 것이 주는 에너지에는 한계가 있죠. 하지만 저는 상징물이나 의식儀式과 같은 행사도 비전을 싱싱하게 유지하는데 중요한 역할을 한다는 것을 깨달았어요. 〈하버드 비즈니스 리뷰Harvard Business Review〉에 실린 리츠-칼튼Ritz-Carlton에 관한 기사에 나와 있더군요. 그 기사에 나온 '상징과 의식의 힘'을 보고 연관

성을 찾아냈어요. 원장님, 제 질문에 한번 대답해 보실래요? 간호사가 이런 색다른 핀을 꽂고 다니는 것을 환자나 환자 가족, 혹은 외부 사람이 본다면 어떻게 생각할까요?"

"글쎄요, 다들 궁금해 하겠죠."

의아하다는 표정으로 필이 대답했다.

"바로 그거예요. 사람들은 왜 이런 핀을 꽂고 다니는지 간호사들에게 질문할 테고, 그 질문에 대답을 하다 보면…."

"아하! 알 것 같군요. 다른 사람들에게 우리의 비전에 대해 설명하는 동안 자신의 결심을 더 확고히 할 수 있다는 거로군요. 핀이 사람들의 호기심을 자아내서 대화가 계속 이어질 수 있고요. 또 다른 계획이 있나요?"

"'약속의 문'을 몇 주 정도 그대로 둘 생각이에요. IT를 잃어버렸거나 찾지 못한 사람을 위해서 말이에요. 베스네 팀이 짜낸 새로운 아이디어도 있고요."

"어떤 아이디어인데요?"

"미스 스콜펠의 풀 먹인 간호사 모자를 어디에 거느냐는 거죠."

핑, 베스, 채드 세 팀장이 미스 스콜펠의 간호사 모자를 걸고 있는 쪽을 가리키면서 론다가 말했다.

"미스 스콜펠이 우리 6층 병동에 얼마나 많은 것을 주었는지 기억하기 위한 모자랍니다. 퇴직을 늦추실 계획은 없으신가요, 미스 스콜펠?"

IT 실천하기 팀이 준비한 '비전 찰칵' 콘테스트

다음날 6층에는 IT 실천하기 팀이 준비한 '비전 찰칵' 콘테스트를 알리는 전단지가 뿌려졌다. 콘테스트의 규칙은 간단했다. 팀을 짜서 로비에 각 팀의 게시판을 걸고, 자기 팀원이 IT를 실천하는 순간, 즉 비전의 순간을 사진으로 찍어 게시판에 붙여 두고 전시하는 것이었다. 사람들의 눈길을 끌 수 있도록 게시판을 예쁘게 장식할 수도 있지만, 게시판에 붙일 수 있는 사진은 환자가 끼어 있지 않은 것이어야 하며, 카메라를 보며 포즈를 취한 사진이 아닌 스냅사진이어야 했다. 기간은 4주이고 심사는 다른 병동에서 근무하는 간호사들로 구성된 심사위원회에서 맡기로 했다.

'비전 찰칵' 콘테스트에
참여 하세요!

'비전 찰칵' 콘테스트에 6층 직원 여러분을 초대합니다.
콘테스트의 목적은 개인의 IT를 통해 매일 굿 사마리탄 병원의 비전을
실천할 수 있는 기회를 확인하고 그것을 표현하기 위한 것입니다. 담당
업무를 기준으로 팀을 짠 후 상품에 도전하세요.
각 팀이 해야 할 일은 비전의 순간을 카메라에 담는 것입니다. 굿 사마

리탄의 비전을 실천하는 순간이 바로 비전의 순간입니다. 사진은 여러분과 여러분의 팀이 일하는 과정을 남기는 자료가 될 것이고 심사를 위해서 게시판에 전시될 것입니다. 뒷면에 상세한 규칙이 적혀 있습니다. 문의사항이 있으시면 구내 전화번호 6121번의 베스 간호사를 찾아주세요. 행운을 빕니다.

전단지 뒤에는 1등 상품의 사진이 커다랗게 인쇄되어 있었다. 그것은 다름 아닌 형형색색의 생선초밥이 가득 담긴 커다란 쟁반이었다.

콘테스트가 공고된 지 어느덧 4주가 지났고, 로비는 언제나 사진을 구경하려는 사람들로 북적거렸다.

"소방서장이 올까 겁나네요."

베스가 후앙에게 이렇게 농담을 건넸다.

드디어 콘테스트의 결과를 발표하는 날, 심사위원단의 대표가 병원 중앙에 미리 준비된 무대에 올라갔다. 그가 마이크를 잡자 갑자기 장내가 조용해졌고, 각 팀의 대표들도 무대 위를 주시하고 있었다.

"신사 숙녀 여러분, 제가 이 자리에서 '비전 찰칵' 콘테스트의 우승팀을 발표하게 된 것을 더 없는 영광으로 생각합니다. 굿 사마리탄의 비전을 실천하는 순간을 사진으로 담는 것이 콘테스트의 취지였습니다. 주최 측에서 바란 것은 모든 직원들이 '비전의 순간'을 놓치지 않고 민감하게 포착하도록 하는 것이었습니다. 이런 노력 속에서 우리의 소중한 비전을 늘 싱싱하고 활기찬 에너지로 가득 채우자는 것입니다. 자, 심사결과가 담겨 있는 봉투를 주시겠어요?"

마고가 무대 위로 올라가서 봉투를 건넸다.

"이분은 이스턴 뱅크 시스템 *Eastern Bank Systems*의 전무이사인 마고 카터 씨입니다. 이 봉투가 은행 금고에 보관되어 있었다니까요."

몇몇 사람이 웃음을 터트렸지만 모두들 긴장된 표정으로 봉투에 시선을 집중하고 있었다.

"후우, 떨리네요. 우선 저부터 결과를 봐야겠죠?"

조용한 가운데 심사위원단의 대표는 봉투 속에 들어 있던 종이 쪽지를 꺼냈다.

"2등부터 발표하겠습니다. 2등은… 심사위원들 모두 무척 고민했는데요, 1등 팀과 마지막까지 치열한 접전을 벌인 중역 팀이 차지했습니다."

여기저기에서 박수가 터져 나왔다. 심사위원단의 대표가 계속 말을 이었다.

"심사위원들은 특히 중역 팀의 '놀이'에 높은 점수를 주었습니다. 최고 중역들이 직원식당에서 직원들과 함께 점심을 먹으면서 대화를 나눈 '비전의 순간'도 2등을 차지하게 된 중요한 이유 중 하나이구요. 제 생각엔 중역식당에서 찍은 사진이 너무 많아서 직원식당에서 식사를 했던 게 아닌가 싶지만요."

사람들의 박수와 함께 웃음이 터져 나왔다.

"수고하신 중역 팀에게 박수 부탁드립니다."

박수를 받으며 병원장 필이 중역 팀을 대표하여 상을 받기 위해 무대 위에 올라갔다.

"1등 발표가 남았으니까 소감은 간단히 말하겠습니다. 이제부터는 모든 직원이 중역식당을 이용할 수 있습니다. 미스 스콜펠의 제안이었죠. 의사, 간호사, 누구든지 좀 더 편하게 휴식을 취할 장소가 필요하다며 이런 제안을 하더군요."

모두 즐거워하며 박수를 쳤다. 필이 무대에서 내려가고 심사위원단의 대표가 다시 마이크를 잡았다.

"자, 그럼 1등을 발표하겠습니다. 사실 저희 심사위원단이 1등을 결정하는 것은 별로 어려운 일이 아니었어요. 누가 봐도 이 팀은 1등 자격이 충분하니까요. 어느 팀인지 궁금하시죠? 바로 6층의 보조간호사와 영양사 팀이 1등을 했습니다! 이분들은 우리가 굿사마리탄 병원에서 이루고자 하는 것을 행동으로 잘 표현해 주었다. 우리 모두에게 커다란 감동과 교훈을 주었어요.

보이지 않는 곳에서 환자를 위해 일하는 모습이 담긴 사진이 바로 그것입니다. 우리가 뜻하는 바를 분명하게 전해 주었죠. 특히 소아과 병동의 어린이 환자들을 위해 준비한 포켓 몬스터 모양의 팬케이크요. 그게 담긴 식판 사진은 정말 감동적이었습니다. 조금만 시간을 투자하고 창의성을 발휘하면 환자에게 보다 좋은 서비스와 편안한 환경을 만들어 줄 수 있다는 사실을 확실히 증명한 팀이었어요.

여러분의 사진을 병원 곳곳에 전시할 예정이고, 그 후에는 다른 병원에도 보낼 계획입니다. 이 사진들로 비디오를 만들 계획도 가지고 있습니다.

아, 그리고 한 가지 더 있어요. 익명으로 어떤 분이 여러분 모두에게 선물 바구니를 보내 주셨습니다. 6층 병동에 입원했던 아내를 잘 보살펴 준 것에 대한 고마움의 표시라고 하면서요. 정말 수고 많으셨습니다.”

IT 코칭하기 팀의 큐 카드 릴레이

IT 코칭하기 팀은 마치 땅속으로 숨은 듯 전혀 활동하는 모습을 볼 수 없었고 채드는 자신의 팀이 하고 있는 일에 대해 아무런 얘기도 하지 않았다. ‘비전 찰칵’ 콘테스트가 끝나고 2주가 지났을 때 핑이 채드를 찾아갔다.

"채드, 어떻게 지내고 있어요?"

"잘 지내요. 오랜만이네요. 음, 그런데 제가 지금 급한 일이 있어서요. 먼저 가 볼게요."

베스가 IT 코칭하기 팀의 경과에 대해 물었을 때도 채드는 어깨를 으쓱해 보이며 이렇게 말했을 뿐이었다.

"걱정 마세요."

좀 더 적극적으로 일에 참여하고 있던 론다는 시간이 지날수록 걱정이 되기 시작했다. 세 가지 원칙이 모두 중요하지만, 코칭이 없으면 비전을 유지하는 것이 힘들다는 것을 잘 알고 있기 때문이었다.

'비전 찰칵' 콘테스트의 시상식이 끝나고 3주가 지난 금요일 아침, 론다는 미스 스콜펠의 전화를 받았다. 미스 스콜펠은 이제 론다의 친구이자 스승이 되었기 때문에 론다는 그녀의 전화가 무척 반가웠다. 뿐만 아니라 미스 스콜펠이 퇴직하는 날을 생각하면 침울해지기까지 했다. 론다는 속으로 이렇게 생각했다.

'처음 만났을 때와 어떻게 이렇게 다를 수가 있지?'

수화기 건너편에서 스콜펠의 목소리가 들려왔다.

"론다, 원장님 사무실로 지금 좀 와 주겠어요?"

"물론이죠. 무슨 일인데요?"

"아, 급한 일은 아니에요. 그래도 바쁘지 않다면 지금 좀 와 주세요."

"곧 갈게요."

론다는 서둘러 원장실로 갔다. 병원장실에 들어가 보니 필과 스콜펠, 채드가 있었다. 채드는 론다에게 와 줘서 고맙다는 인사와 함께 한 뭉치의 카드를 주는 것이었다. 그 카드에는 반듯한 글씨로 한 장 한 장 정성스럽게 손으로 써내려 간 글귀가 있었다.

"채드네 팀은 연장근무를 해 가면서까지 이 카드를 만들었다고 합니다." 필이 론다에게 말했다.

"이 카드를 어떻게 사용할 것인지 채드의 설명을 들어 봅시다."

"제 생각은 이렇습니다." 채드가 말을 꺼냈다.

"누군가를 코칭할 때 직위가 높은지 낮은지, 혹은 경력이 오래됐는지 아닌지는 중요하지 않습니다. 모두에게 주어진 의무는 같으니까요. 즉 직위에 관계없이 코칭하고, 나이와 성별의 구별 없이 코칭을 받아야 합니다. 물론 코칭을 받아들이느냐 거절하느냐는 각자의 선택입니다.

코칭은 자기만족이 아니라 비전을 생생하게 유지하기 위해 의무적으로 해야 합니다. 코칭은 진지한 대화를 나눌 수 있도록 도와주고, 우리의 노력에 대한 보상을 줄 뿐만 아니라 일 자체를 보람 있게 만들어 주니까요.

우리는 이제 6층 병동에 가서 1주일간 이런 방식으로 코칭을 시도해 보려고 합니다. 릴레이를 하듯이 각자 카드에 적힌 것을 다른 사람에게 설명해 주고 나머지 카드를 주는 겁니다. 카드를 받은 사람도 똑같은 과정을 거쳐야 하는 거죠. 하지만 각자 카드를 건네줄 새로운 사람을 찾아야 해요. 그리고 그 사람은 전에 한번도 카드를 받지 않았던 사람이어야 합니다. 큐 카드(cue card, 주로 방송에서 출연자를 도울 목적으로 대사를 큰 글씨로 보여 주는 카드 – 역주)를 한번 읽어 보시고 궁금한 게 있으면 물어보세요."

서로서로 IT를 코칭합시다
IT 코칭하기 큐 카드

- 굿 사마리탄의 비전에 참여해서 당신의 IT를 찾기 시작했습니까?
- 비전을 더욱 잘 이룰 수 있는 아이디어를 가진 사람이 있다면 그 사람이 누구라도 기꺼이 코칭을 받아들이겠습니까?
- 그리고 당신도 기꺼이 다른 사람을 코칭하겠습니까?
- 코칭을 받아들이거나 거절할 권리를 누구나 가지고 있다는 것을 인정합니까?
- 필요하다면 코칭을 부탁하겠습니까?
- 이제까지 일터에서 주고받았던 코칭의 사례가 있습니까?
  (있다면 서로 이야기해 주세요)
- 코칭 팀의 일원이 될 준비가 되어 있습니까?

이제 당신 차례입니다. 이 카드는 당신이 간직하고 남은 카드는 다른 사람에게 주십시오. 당신이 만날 사람과 당신의 코칭에 관한 얘기를 교환하고 그 사람에게도 다른 사람에게 그렇게 해 달라고 부탁하십시오. 행운을 빕니다.

그들은 카드 꾸러미를 들고 서둘러 6층으로 올라갔고, 큐 카드 릴레이 덕분에 3일이 채 되지 않아서 6층의 직원 모두가 동료의 친절한 설명과 함께 IT 코칭하기 큐 카드를 받았다.

후 기

굿 사마리탄의 비전은 지금 이 순간에도 펄떡이며 살아 있다. 대화하는 순간마다, 비전의 순간마다, 코칭을 교환하는 순간마다 새롭게 살아난다. 6층 병동은 또 하나의 새로운 모범이 되었고 그곳에서 세운 원칙은 병원 전체에, 그리고 병원의 시스템 전체에 퍼져 나갔다.

굿 사마리탄 병원의 간호사들은 아직도 그곳에서 일하고 있으며 론다는 더욱 뛰어난 리더가 되었다. 여전히 앤을 몹시 그리워하지만 앤이 남기고 간 것을 깨닫고 난 후 예전보다 환자와 동료들에게 더욱 깊은 애정을 느끼며 일하고 있다. 그녀의 IT가 확장되었기 때문이다.

병원 본부로 돌아간 병원장 필은 마들렌과 함께 일하면서 부하직원들을 데리고 가끔씩 굿 사마리탄 병원을 방문했다. 부하직원에게 굿 사마리탄 병원에서 일하는 방식을 보고 배워 신나는 직장생활에 대한 통찰과 영감을 얻을 수 있도록 돕기 위해서였다. 병동에서 'FISH!철학'의 전도사가 된 필은 강의를 마칠 때마다 "행동으로 옮길 때입니다!"라고 큰 소리로 외친다.

더 많은 성공사례가 필요하다고 엄살을 부리는 사람들에게 마들렌과 필은 정곡을 찌르는 질문을 하고, 그들의 대답에서 잘못된

점을 잘 꼬집어 지적해 줌으로써 그들이 스스로 방법을 찾을 수 있도록 돕는다. 새로운 팀이 자기들만의 방법을 계획하고 독특한 비전의 순간을 만들어 나갈 수 있도록 하는 것이다.

보조간호사였던 후앙은 결국 정식간호사가 되었고, 그 이후로 자신의 아이디어와 경험을 주변 사람들에게 나누어 주는 역할도 하고 있다. 직원들은 타카라 투에 다녀올 때마다 밖에서 얼마나 오랫동안 줄서서 기다려야 했는지 모른다며 불평을 하곤 했지만 식당 안에서 경험한 것을 떠올리며 감탄을 금치 못했다.

중대한 변화를 시도한다는 것이 어려운 일이긴 해도 보람 있는 일이라는 것은 누구나 다 알고 있을 것이다. 최선을 다해서 얻어낸 변화가 초라하게 색이 바래기 시작할 때가 바로 결정적인 도전에 직면하는 순간이다. 옛날 방식으로 돌아가려는 중력이 힘을 발휘하기 시작하더라도 변화를 유지해야만 한다. 변화를 '자리 잡게' 하는 것, 그것이 바로 최후의 승리이다. 그래서 6층 병동의 벽에는 다음과 같은 새로운 포스터가 붙어 있었다.

우리는 어떤 도전이 닥친다 해도
이겨낼 수 있는 비결을 찾았다.
우리의 비전을 늘 싱싱하게 유지할 수 있는 비결은
조직의 비전 속에서 자신의 IT를 찾고, IT를 실천하고,
서로 IT를 코칭하기로 약속하는 것이다.
많은 사람이 약속의 중요성에 대해 말하지만,
해동으로 옮겨지기 전까지 약속은
추상적 개념에 불과하다.
우리의 약속을 행동으로 옮겨질 때보다 확실해진다.

IT를 찾고 IT를 실천하고 IT를 코칭하자!

바치는 글

2000년 11월 12일, 짐을 꾸려 막 터키로 떠나려 할 때 나는 도저히 믿을 수 없는 전화를 받았다. 수화기 건너편에서 샌 버나디노 *San Bernardino*에 있는 검시관이 나에게 딸의 이름이 베스 앤 런딘 *Beth Ann Lundin*이냐고 물었고, 베스가 그날 새벽 라스베가스와 로스앤젤레스 사이의 황량한 고속도로에서 사망했다고 말했다. 그 당시 베스는 31세였고 할리우드에서 자신의 꿈이었던 무대 디자이너로 즐겁게 살고 있었다. 하지만 한 음주운전자의 돌이킬 수 없는 실수로 사랑하는 내 딸 베스의 삶은 막을 내린 것이다. 사고를 낸 음주운전자는 뺑소니를 쳤고 베스는 도로 옆에서 쓸쓸하게 죽어 갔다.

세상 누구라도 이런 끔찍한 비극 앞에서는 매달릴 수 있는 무언가를 절실히 찾게 된다. 사진, 추억, 이야기와 같은 것들 말이다. 베스는 무엇 하나 빠지는 것이 없는 아이였다. 언제나 최선을 다해 열심히 살았고, 우리 부부에게 수많은 추억거리를 남겨 주었다. 베스의 기억을 떠올리며 캘리포니아의 플라야 델 레이 *Playa del Rey*의 해질녘 바닷가에서 있었던 베스의 추도식 때 들은 이야기를 이 바치는 글에 쓰려고 한다.

짧고도 강렬하게 타올랐던 베스의 삶을 축복하기 위해 베스의 친구들과 함께 추도식을 준비하고 있을 때, 한 청년이 나에게 다가와 자신을 소개했다. 그 청년은 영화를 제작하면서 베스를 만났다고 했다. 베스를 만난 것은 겨우 5주라는 짧은 기간뿐이었지만 수년간 같이 일했던 사람들보다도 베스를 더 많이 알게 되었다고 말했다. 베스는 항상 아빠가 썼다는 《펄떡이는 물고기처럼》라는 이상한 제목의 책에 관해 사람들에게 이야기했다고 한다. 베스가 죽은 후에 그 청년은 《펄떡이는 물고기처럼》을 읽었고, 베스야말로 'FISH!철학' 대로 살았다는 사실을 나에게 말해 주고 싶었다고 했다.

"베스 자신이 바로 FISH!였습니다."라고 청년은 내게 말했다.

베스가 가 버리고 난 후 내 가슴에는 채워지지 않는 커다란 구멍이 뚫렸다. 베스가 떠난 내 삶은 공허함으로 미칠 듯했다. 가끔 베스의 사진을 보며 열정이 넘치던 베스의 삶에 대해서 생각할 때면 베스의 영혼이 나와 함께 있는 것을 느낀다. 베스라는 이름의 예쁜 촛불은 이 땅에서 환하게 타올랐고, 아직도 이른 아침 수평선 위에서 빛나고 있다. 그녀는 그녀 자신이 FISH!였기 때문이다. 베스, 사랑한다. 그리고 보고 싶구나. 너는 나의 선생님이고 내 삶의 원동력이란다.

S. L. (아빠가)

감사의 글

이 책은《펄떡이는 물고기처럼》1, 2편에 이은 우리의 세 번째 책이다. 이 책을 쓰면서 우리는 좋은 책을 만들기 위해서 얼마나 많은 사람들의 노고가 필요한지 알게 되었다. 그리고 공저자인 우리 세 사람이 지금까지 아무 탈 없이 함께 일할 수 있었다는 사실과 날이 갈수록 더욱 견고해지는 팀워크를 겸손한 마음으로 기쁘게 생각한다. 편집을 담당한 하이페리언 *Hyperion* 출판사의 빌 슈발베 *Will Schwalbe* 에게 감사드린다. 그는 언제나 우리에게 신중하면서도 상상력이 넘치는 제안을 해 준 세계 최고의 편집자이다. 하이페리언의 밥 밀러 *Bob Miller* 사장을 비롯하여 많은 출판 관계자 여러분들에게 감사를 표한다. AOL 타임워너 서적 판매 팀에도 감사를 표한다.

나날이 발전을 거듭하고 있는 차트하우스 교육담당 팀 *ChartHouse Learning team*도 이 책을 쓰는 데 많은 도움을 주었다.

그리고 데이비드 와이트의 시는 항상 내 마음속에서 살아 숨 쉬며, 아일랜드 풍의 부드러운 선율로 나의 글쓰기를 즐거운 길로 안내해 주었다. 게다가 데이비드 와이트는 감사하게도 자신의 시 "여정"을 이 책에 인용할 수 있도록 협조해 주기도 했다.

우리 세 사람에게는 우리를 이해해 주고 저술활동에서 인생의 희로애락까지 늘 함께 하는 배우자들이 있다. 게이 크리스텐슨 *Gaye Christensen*, 메리 폴 *Mary Paul*, 자넬 런딘 *Janell Lundin*의 사랑과 내조에 진심으로 감사의 마음을 전한다.

스티븐 C. 런딘
존 크리스텐슨
해리 폴

지은이에 관하여

스티븐 C. 런딘 *Stephen C. Lundin, Ph.D.* 은 왕참치 박사라는 별명으로 불리며 작가이자 영화제작자이며 전문 컨설턴트이다. 현재 FISH! 캠프의 수석 카운슬러를 맡고 있다. 또한 경영학 연구소에서 정기적인 세미나를 운영하고 있으며, 미네아폴리스에 위치한 세인트 토마스 대학에서 창의력과 기술혁신 연구소 *Institute for Creativity and Innovation*를 이끌어 가고 있다.

존 크리스텐슨 *John Christensen* 은 영화제작자이자 차트하우스 社의 최고경영자이다. 수많은 기업에서 사용되고 있는 교육용 비디오 FISH!를 비롯하여 여러 가지 기업용 학습영상물을 제작하고 있다.

해리 폴 *Harry Paul* 은 켄 블랜차드 社의 부사장으로 컨설팅 업무를 맡고 있는 유명 강사이다. Nelson Motivation 社의 강사교육을 담당하고 있으며 특별 프로젝트들을 종합하는 역할을 맡고 있다.

옮긴이에 관하여

유영만 교수는 한양대학교 사범대학 교육공학과 석사과정을 마친 뒤, 미국 플로리다 주립대학에서 교육공학 박사학위를 취득하였다. 미국 플로리다 주립대학 Learning System Institute 연구원을 역임하고, 삼성경제연구소 인력개발원을 거쳐, 현재 한양대학교 교육공학과 교수로 재직중이다. 저서로는 《e-세상 e-러닝》,《민사고 천재들은 하버드가 꿈이 아니다》,《죽은 기업교육, 살아있는 디지털 학습》,《지식경영과 지식관리 시스템》,《지식경제 시대의 학습조직》,《아나디지다》 등이 있고, 역서로는 《펄떡이는 물고기처럼》,《디지털 경제를 배우자》,《열린조직 열린경영》 외 다수가 있다.

펄떡이는 물고기처럼 3

비실비실 팀 구출하기

펴 냄   2003년 8월 1일 1판 1쇄 펴냄 / 2009년 7월 10일 1판 5쇄 펴냄
지은이   스티븐 C. 런딘 외
옮긴이   유영만
펴낸이   김철종
펴낸곳   (주)한언
          등록번호 제1-128호 / 등록일자 1983. 9. 30
주 소   서울시 마포구 신수동 63-14 구 프라자 6층 (우 121-854)
          TEL. 02-701-6616 (대) / FAX. 701-4449
책임편집   최세현 shchoi@haneon.com
디자인   이정아 jalee@haneon.com
홈페이지 **www.haneon.com**
e-mail   haneon@haneon.com

ISBN   ISBN 978-89-5596-081-5   03320
          89-5596-081-6   03320

한언의 사명선언문

Since 3rd day of January, 1998

Our Mission ―• 우리는 새로운 지식을 창출, 전파하여 전 인류가 이를 공유케 함으로써 인류문화의 발전과 행복에 이바지한다.

―• 우리는 끊임없이 학습하는 조직으로서 자신과 조직의 발전을 위해 쉼없이 노력하며, 궁극적으로는 세계적 컨텐츠 그룹을 지향한다.

―• 우리는 정신적, 물질적으로 최고 수준의 복지를 실현하기 위해 노력하며, 명실공히 초일류 사원들의 집합체로서 부끄럼없이 행동한다.

Our Vision 한언은 컨텐츠 기업의 선도적 성공모델이 된다.

저희 한언인들은 위와 같은 사명을 항상 가슴 속에 간직하고
좋은 책을 만들기 위해 최선을 다하고 있습니다.
독자 여러분의 아낌없는 충고와 격려를 부탁드립니다.

• 한언 가족 •

HanEon's Mission statement

Our Mission ―• We create and broadcast new knowledge for the advancement and happiness of the whole human race.

―• We do our best to improve ourselves and the organization, with the ultimate goal of striving to be the best content group in the world.

―• We try to realize the highest quality of welfare system in both mental and physical ways and we behave in a manner that reflects our mission as proud members of HanEon Community.

Our Vision HanEon will be the leading Success Model of the content group.